내가 인재로 평가받기 · 우리 회사 인재 선발하기

성공하는 면접 전략

안윤정 조형래 지음

늘봄

성공하는 면접 전략

내가 인재로 평가받기 · 우리 회사 인재 선발하기

지은이 / 안윤정 조형래
펴낸이 / 조유현
편　집 / 이부섭
디자인 / 박민희
펴낸곳 / 늘봄

등록번호 / 제300-1996-106호 1996년 8월 8일
주소 / 서울시 종로구 동숭4길 9 (동숭동 19-2)
전화 / 02)743-7784 팩스 / 02)743-7078

초판발행 / 2020년 12월 10일

ISBN 978-89-6555-091-4 03000

※ 값은 표지에 있습니다.

내가 인재로 평가받기 · 우리 회사 인재 선발하기

성공하는 면접전략

MAY I INTERVIEW YOU

안윤정 조형래 지음

들어가는 글

최근 오디션 프로그램이 TV에서 많이 방영된다. 심사를 하는 사람이나, 심사를 받는 사람이나 모두 긴장하기는 마찬가지인 듯하다. 이렇게 누군가를 평가하고 평가받는 일이 결코 쉬운 일은 아니다.

다년간 기업 면접관 교육을 진행하며, 뛰어난 인재를 뽑고자 하는 열정과 의지는 높으나 평가에 대한 정확한 이해와 평가 과정의 운영능력에 우려되는 상황이 자주 발생함을 알 수 있었다. 기업의 인재확보에 대한 절실함과 면접관의 부담을 낮춰 주기 위해 노력해왔다.

또한, 외부 전문 면접관으로 면접을 보며, 한 명도 뽑고 싶지 않은 면접 현장을 경험하기도 하고, 모두 다 뽑아도 아깝지 않은 면접 현장을 경험하기도 한다. 하지만 어떤 상황이거나 지원자의 간절함은 늘 피부로 느껴지기에 평가자로서 공정성을 지키기 위한 노력을 다하려 한다.

면접관의 더 많은 사전 준비와 적합한 인재를 선발할 수 있는 평가능력을 갖추는 것이 조직이나 지원자의 노력에 부응할 수 있다고 믿는다.

면접관의 역할이자 가치는, 좋은 인재를 선발해 향후 그들이 입사한 기업에서 성과를 주도하는 데 공헌하는 것이 개개인의 커리어에도 기업의 성장에도 국가경쟁력 확보를 위해서도 기여하는 것이라고 믿기 때문이다.

이 책은 면접관 입장에서, 그리고 면접자 입장에서 면접이란 같은 현장, 다른 입장을 갖고 있는 이들의 서로 다른 준비에 대해 이야기하는 글이다. 주로 인터뷰 스킬을 중심으로 이야기하는 다른 책자와 달리 면접의 의미와 현장에서 발생하는 다양한 케이스를 타산지석으로 삼을 수 있는 예시로 제시하여 함께 나누기 위해 노력한 책이다.

면접에서 평가자의 평가역량이나 지원자의 표현능력을 높일 수 있는 중요한 키워드는 역지사지와 타산지석이다.

면접관은 지원자에 대한 이해와 여타 면접관의 사례들을 통해 면접관으로서 범할 수 있는 오류를 줄여나갈 수 있으며, 지원자는 역지사지를 통해 채용이라는 과정에 대해 이해하고 면접관의 의도를 명확히 파악하여 자신이 가진 자산을 제대로 표현할 수 있을 것이다.

이 책을 통해, 면접관은 좋은 인재를 선발하는 방법과 태도를 갖추게 되고, 면접자는 면접을 준비하는 마음에서부터 불합격 시의 마음가짐, 합격 후일을 대하는 자세까지 정리해 보았다. 면접관으로 수많은 면접자를 보면서, 말 잘하는 사람을 뽑기보다는 진실한 마음, 업무에 대한 진지한 자세를 갖고 있는 사람에게 마음이 갔었던 것은 적합한 '인재선발'이라는 화두에

맞춤한 것이다.

그리고, 이 책을 통해 면접자에게 면접을 경험하면서 느끼게 될 다양한 감정에 대해 미리 경험하게 하고 싶었다. 그래야 7번 떨어져도 8번 다시 도전할 수 있을 테다.

그래서, 이 책은 면접과 관련한 사람들의 마음에 대해 함께 이야기하는 책이라고 감히 이야기하고 싶다.

책을 읽고 난 후에 면접에 대해 '같은 상황 다른 시각'의 참여자 모두 조금이라도 자신감이 생기기를 바라면서 말이다.

차 례

1부

면접을 준비하는 이들에게

A. 지피지기면 백전백승

A-1. 면접 일정 통보를 받고

"샴페인은 최종 합격 통보를 받고 터트려라"

구직자들이 자주 하는 말이 있다. "면접 한 번이라도 봤으면 좋겠어요"라는 말이다. 취업의 최종 종착지는 "최종 합격하셨습니다. 다음 주부터 출근하세요"라는 통보를 받는 것인데, 서류전형 통과가 소원이라니 취업이 얼마나 어려우면 하는 마음에 씁쓸해지기까지 한다.

하지만 그렇게 학수고대하던 면접 보러 오라는 연락을 받고 나면 그때부터 가슴이 콩닥거리기 시작한다. 면접 관련 조언이 실린 자료들을 살펴보면 긴장하지 말고 차분히 내 생각을 이야기하라고 하는데 과연 면접장에서 차분하게 답변을 할 수 있을까 의문이 간다. 면접 보러오라는 통보만으로 이렇게 가슴이 뛰는데 말이다.

일단, 서류전형 소식을 동네방네 알리고 싶다. 친한 친구들이 모여 있는 단톡방으로 들어가서, 은근슬쩍 합격 소식을 전한다. 나 다음 주에 OO기업에 면접 보러 가기로 했다고 전하자, 친구들의 부러움 섞인 톡들이 쌓여간다. 면접 잘 보고 오라는 응원, 잘 될 줄 알았다는 부러움, 한턱내라는 한 친구의 말에 "아직 최종 합격한 것도 아닌데, 최종 합격하면 내가 크게 쏠게"라고 말하고 단톡방을 나온다. 서류 합격만으로도 이렇게 기쁘고, 주변 사람들의 축하를 듣는데 진짜로 최종합격하면 얼마나 기쁠까? 라는 생각에 가슴은 몇 분 전보다 더 뛰기 시작한다.

집에 들어가서 엄마에게 무심히 한마디 전한다. "엄마, 나 다음 주에 면접 보러 가." 엄마는 뛸 듯이 기뻐하며 사실은 엄마 친구 딸이 지난주 취업해서 너무 속상했는데, 우리 아들도 드디어 취업하는구나, 라며 동치미를 한 사발 들이키신다.

잠자리에 눕기 전, 떨리는 마음이 2배는 커진 것 같다. 만약에 떨어지면 친구들에게 창피해서 뭐라고 말해야 할지, 실망하는 어머니 모습은 어떻게 봐야 할지, 나는 다시 재기할 수 있을지 등등의 생각으로 답답함이 가득 해져서, 잠을 자는지, 생각을 하는지 모를 밤이 지나가고 있다.

면접 일정 통보를 받고 난 뒤, 아마도 나의 모습일 것이다. 떨리고 긴장되고, 기대되는 마음들이 온통 머릿속을 채우는 며칠이 반복되고 나면, 면접도 보기 전에 지쳐있는 나를 발견하게 된다. 하지만 중요한 것은 붙는 것이 아니고, 떨어지고 난 뒤 '내 마음을 토닥일 수 있는 에너지'가 중요하다는 것이다. 최근 기업의 면접은 후보자를 많이 평가하고, 그중 최적합자를 선발하는 방향으로 선회하고 있다. 따라서 1차 면접이라고 하면 10명 중 1명이 합격하고 9명이 불합격하는 10대1 정도의 면접이 흔한 시대이다. 즉, 나는 붙을 확률보다 떨어질 확률이 더 높다는 것이다. 그래서, 최선의 노력을 다해 면접준비를 해야겠지만, 떨어질 수도 있다는 가능성 하에 불합격 이후의 구직활동을 대비하는 것이 더 중요하다. 친구들에게, 부모님에게 면접 가게 되었다는 사실은 굳이 미리 알릴 필요가 없다. 나중에 내가 면접에서 떨어졌다는 사실을 동네방네 알리게 될 확률은 아마도 더 높을 것이다. 이 사실을 알리고 싶지 않은 내 마음은 아마도 나를 더 긴장하게 할 것이다. 그래서 면접 일정 통보를 받으면 그 사실은 내 마음속 깊숙이 넣어두는 것이 좋다. 사실 면접은 나 혼자만의 싸움인데, 그 싸움에 아무 도움도 안 되는 내 친구와 어머니까지 동반시키려는 것은 불필요한 행동이다.

그래서 면접 일정을 통보받는 순간 내가 해야 할 첫 번째는, 면접 결과의 불확실성에 대한 나의 심리적 방어선을 만드는 것이다. 떨어질 수도 있다는 것, 떨어져도 다시 일어나야 한다는 것, 그리고, 면접 전날까지 어떻게 사전 준비를 할 것인가 혼자서 계획을 세워야 한다.

직장인은 늘 마음속에 사표를 품고 산다고 하지 않는가? 행여라도 헤드헌터에게 이력서 좀 보내달라는 연락 하나만으로도 이미 일하고 싶은 마음이 달아나 버린다. 이미 나는 스마트폰을 내려놓은 순간 경쟁사로 옮긴 듯한 마음이다. 이제는 여기저기 소문을 내고 다닌다. 나, 헤드헌터에게 연락받은 사람이라고 말이다.

하지만, 내 이력서를 받는 헤드헌터가 적합 인재가 아니라는 판단이 서면, 내 꿈도, 희망도 1초 만에 사라지고 마는 것이 취업의 현실이고, 이직 성공의 현실이다.

면접은 준비부터 결과를 받아들이는 것까지 나 혼자만의 책임이다. 최후의 샴페인은 최종 합격 통보를 받은 뒤, 터트려도 늦지 않다. 지금 내가 할 일은 내 마음을 안정시키는 것이다. 그러기 위해 내게 한마디 건네줘야 한다. "떨어져도 괜찮아. 나는 또 도전할 기업이 있으니, 떨어져도 괜찮다." 불합격이 좋은 사람은 아무도 없다. 하지만 불합격하지 않는 삶은 없다. 우리의 구직활동도 아마 그러할 것이다. 떨어져도 다시 일어날 힘이 있어야 그 길고, 힘든 구직활동을 이어나갈 수 있다. 그러니 붙을 것처럼, 기대하지 말고, 떨어질 것처럼 다음을 준비하라. 그것이 내 마음의 안정을 가져올 것이다.

그래서, 나는 구직자에게 이런 팁 하나를 던진다. 면접 합격 통보를 받은 그 날, 채용공고 검색을 하고 마음에 드는 기업에 지원을 하라는 팁이다. 또 다른 기회를 하나 더 만들어 두면 면접장을 가는 마음도 조금 더 편해지고, 편한 마음은 실제 면접에서 나의 진짜 실력을 보여줄 것이다. 그리고 만약 떨어지더라도 새로운 기회를 향한 내 마음은 불합격으로 인한 절망을 희석시켜줄 것이다.

A-2. 사전에 준비를 하고 싶다면

"면접 준비는 한 만큼 티가 난다"

면접 통보를 받고 난 뒤, 사전에 면접 준비를 하는 사람은 몇이나 될까? 그리고 제대로 된 면접 준비를 하는 사람은 몇이나 될까? 아마도 별로 없을 것이다. 나는 면접 준비를 다음과 같이 정의한다. 면접관이 물어볼 어떤 질문에도 모두 답변할 수 있는 상태를 만드는 것이라고.

그렇다면 면접 사전 준비에 대한 답은 간단하다. 예상질문을 최대한 준비하고, 그 예상질문에 대한 정답에 가까운 답변을 만드는 과정이 사전 준비 과정이다. 그리고 가장 좋은 사전 준비는 '모의 면접'을 실시하는 것이다. 하지만 모의 면접관을 두고 모의 면접을 경험하는 것이 쉬운 일은 아니니, 좀 더 간단한 방법을 찾도록 해보자.

일단, 예상질문을 수집해 본다. 수집 방법은 생각보다 간단하다. 잡코리아, 사람인, 잡플래닛, 기타 취업커뮤니티를 활용하면 기존에 면접을 보고 온 선배들의 후기를 수집할 수 있다. 다음과 같은 면접 질문들을 발견할 수 있다.

대기업이 책임져야 하는 사회적 책임에는 어떤 것들이 있다고 생각하나요? 자기소개서에는 IT에 관심이 많다고 적었는데, 왜 관련 경험은 찾아볼 수 없나요? 다른 지원자들과 비교했을 때, 본인의 차별화된 역량이 무엇이라고 생각하나요? 등의 질문들을 수집할 수 있을 것이다.

이제는 수집한 질문들에 대해서, 분류하는 과정을 갖자. 나는 다음과 같은 분류 방법으로 질문들을 분류한다. 내가 이해하기 좋게 분류하는 것이 좋으니, 꼭 다음 방법으로 분류하지 않아도 좋다.

먼저 면접에서 면접관들이 가장 많이 질문하는 기본 질문으로의 분류이다. "자기소개 부탁드립니다", "전직 사유에 관해서 이야기해주세요", "마케팅 직무에 관심을 갖게 된 계기는 무엇이었나요?", "다른 회사들도 많은데 우리 회사에 관심을 갖게 된 계기는 무엇인가요?", "직무에 있어 본인의 장점은 무엇일까요?", "입사 후 포부에 대해서 말씀 부탁드립니다" 같은 질문들이다. 기본 질문은 면접 일정 통보를 받은 후, 사전 준비로 가장 먼저 해야 할 것이다.

두 번째 분류는 최근 면접에서 많이 사라지는 추세이기는 하나, 그래도 꾸준히 등장하고 있는 흥미나 가치관에 대한 질문이다. 예를 들면 "여가시간에 주로 무엇을 하며 시간을 보내나요?" 등의 질문이다. 이러한 질문들에는 "존경하는 인물은 누구인가요?", "최근에 읽은 책 중에 추천하고 싶은 책이 있다면 추천해주세요", "최근 사회적 이슈 중 관심이 가는 주제는 무엇이 있나요?", "살면서 내 인생에 영향을 미친 사람, 혹은 사건이 있다면 무엇인가요?" 등의 질문이다. 빈출 빈도가 높지 않으나 미리 준비하지 않으면 답변하기 어려운 질문이기 때문에 반드시 준비할 필요가 있다.

세 번째 분류는 역량 질문에 대한 준비이다. 이 질문은 면접에 합격한 기업에 이미 제출했던 자기소개서를 분석하는 일부터 시작이다. 대체적으로 "예전에 ~했던 경험은?"이라는 질문에서 면접 질문이 만들어진다. 그리고 면접관이 조금 더 구체적으로 확인하고 싶었던 경험에 대해서 질문이 들어온다. 예를 들면, "자기소개서를 보면 아르바이트를 하면서 매뉴얼을 만들었다고 했는데, 이때 매뉴얼은 자발적으로 만든 건지, 아니면 누군가 시킨 건지 궁금합니다. 그리고, 어떤 내용이 매뉴얼로 들어갔는지 답변해주세요." 이런 식의 질문이다. 따라서, 자기소개서를 꼼꼼히 살펴보고 면접관이 어떤 경험에 집중하여 질문할 것인지 예상질문을 만들고 답변하는 시간이 필요하다.

네 번째 질문은 기업에 대한 질문이다. 따라서, 면접 사전 준비로 회사에 대한 조사가 필요하다. 다양한 유형의 질문 중, 나에 대한 질문이 아니라 회사 조사가 따로 필요하다. 암기할 필요가 있는 정보, 내 생각을 피력해야 할 정보로 구분하면 좋다.

먼저 암기해야 할 내용은 회사 설립일, 사장님 이름, 전년도 매출액, 주요 생산품, 회사의 비전 등으로 주로 회사의 홈페이지에서 확인할 수 있다. 면접관이 직접적으로 질문하는 경우는 드물다. 나의 답변에 적절히 회사에 대한 내용을 첨가하여 내가 회사에 많은 관심을 갖고 있으며, 이번 면접에서 사전조사를 충분히 하여 회사에 대해서 잘 알고 있다는 것을 피력할 필요가 있다.

다음으로 회사에 대한 나의 긍정적인 평가이다. 우리 회사에서 생산되는 상품과 경쟁사 상품을 비교했을 때, 어떤 점이 더 우수하고, 덜 우수하다고 생각하는가? 등의 질문에 대해서는 비판적인 답변보다는 긍정적인 답변을 통해 면접관과 커뮤니케이션하는 것이 중요하다. 물론 객관적인 시장조사를 통해 사실에 근거한 나의 의견이 중요하다는 것은 잊지 말아야 할 것이다.

마지막 분류는 직무 관련 질문이다. 회계직의 경우, "우리 회사 재무제표를 보고 오셨나요? 회계담당자로서 보기에 어떤 점을 읽으셨나요?" 인사 직무의 경우, "인사의 다양한 업무 중 가장 희망하는 업무는 무엇이며, 그 이유는 무엇인가요?" 등의 질문들이다.

신입의 경우는 직무에 대한 기본소양 및 준비도를 평가하기 위해서, 경력직의 경우는 직무 전문성을 확인하기 위한 질문으로 활용된다. 면접자가 가장 어려워하는 질문의 유형이기 때문에 사전 준비가 무엇보다도 중요하다. 이와 같은 직무 관련 질문들은 기출 문제들을 검색하여 잘 모아두면 좋다.

이렇게 다섯 가지 분류별로 예상질문을 정리하여 답변하는 연습을 최소 5회 이상 반복한다면, 면접을 마치고 돌아와서 "이렇게 답변하면 좋았을 텐데"라는 후회는 없을 것이라고 생각한다. 우리가 면접에서 만나는 대부분의 질문은 편한 상황에서는 누구라도 편하게 답변할 수 있는 수준이다. 하지만, 면접이라는 평가의 자리에서 편하게 답변하는 강심장은 사실 많지 않다.

몇 년 전, 모 공공기관의 변호사 채용 면접관으로 참여한 적이 있다. 변호사라고 하면 아나운서와 더불어 누구보다 말을 잘하는 직업군 아니던가. 그런데 평가의 현장인 면접장에서는 변호사도 여느 면접자와 다르지 않았다. 즉 매우 긴장되는 면접 평가의 장에서 제대로 답변하기 위해서는 사전 준비를 꼼꼼하게 하는 수밖에 없다. 최대한 예상질문을 뽑고, 최대한 답변을 반복하는 것만이 최고의 결과를 가져올 것이다.

A-3. 복장도 점검해볼까?

"오늘은 내가 이 무대의 주인공"

대학교에서 학생들의 취업, 진로지도를 하면서 복장과 관련하여 많은 질문을 받아보았다. 그런데 이상한 것이 복장과 관련된 질문들은 하나같이 웃음이 나오는 질문들이 많았다는 것이다.

"제가 투버튼 정장을 구매했는데, 단추는 몇 개를 잠그고 가야 하나요?", "삼성전자 면접을 갈 때는 파란색 넥타이를 매는 게 좋은가요?", "캐주얼 복장으로 면접 보러 오라고 연락왔는데 정장 입고 가면 떨어지나요?" 같은 질문들이다.

사실, 면접장에 단추를 한 개 잠궜다고 붙고, 두 개 잠궜다고 떨어지는 법은 없을 것이다. 옷을 입는 방법에 따르면 맨 위에 단 추 한 개를 잠그는 것이 맞지만, 단 추 잠그는 개수가 면접에서 얼마나 중요하겠는가? 하지만 그럼에도 나의 이미지 메이킹에 중요한 변수가 될 수도 있는 복장 점검의 법칙은 생각보다 심플하다.

제1 법칙은 내 몸에 맞게 입기이다. 똑같은 디자인, 똑같은 패턴, 똑같은 색상의 옷이라고 해도 사이즈가 조금이라도 크거나 작으면 옷맵시가 살지 않는다. 그렇기 때문에 기장, 소매길이, 품 등이 잘 맞는지 확인해볼 필요가 있다. 좋은 이미지 생성에 매우 중요한 요소이다. 내가 갖고 있는 옷, 면접에 입고갈 옷들을 일단 다 꺼내어 보고 하나씩 입고 내 몸에 맞는지 확인해본다. 옷이라는 것이 아주 디테일하게 유행에 의해 변하고 있어서 그 당시 멋지다고 입었던 옷이 유행에 따라 미묘하게 달라져 있다. 오버핏으로 크게 입던 유행 시절에 구매한 옷, 스키니핏이 유행하던 시절 옷은 같은 사이즈라고 해도 입었을 때의 느낌은 천차만별이다.

지금 옷을 당장 입어봐야 하는 이유는 현재 나의 몸에 '핏'하게 맞는 옷이 무엇인지 확인하기 위함이다. 그래야 면접 당일, 조금이라도 빛나거나, 혹은 못나 보이는 것을 피할 수 있다. 그래서, 내 몸에 잘 맞게 수선하는 과정을 거치는 것은 생각보다 중요하다. 그래서, 서류전형 합격 이후, 복장을 준비하는 것보다 구직활동을 시작하면서 준비하는 것이 좋겠다. 수선 시간 혹은 구매 시간, 대여 시간이 많이 걸릴 경우, 아무 옷이나 입고 면접장으로 향하는 불상사를 피하기 위함이다. 내 몸에 잘 맞는 옷은 크고 헐렁한 명품보다 100배 더 나를 빛나게 할 것이다.

제2 법칙은 유행 타는 복장에서 피하기이다. 우리나라 사람들은 유행에 민감한 편이라서, 아이템 하나가 유행하면 전 국민이 그 아이템을 착용하는 일이 비일비재하다. 2000년 중반, 우리나라에서 한 번도 유행하지 않았던 아이템 하나가 전국민에게 유행했던 일이 있었다. 남성 정장은 사실 검정색, 회색, 청색 계열 외에는 잘 선택되지 않는다. 그런데 2000년 중반에 은색 정장이 유행한 적이 있었고, 면접장에도 은색 양복을 입은 면접자들이 대거 출현했다. 그때 그 은색 정장을 '은갈치 양복'이라고 불렀고, 1명도 아닌 5명 전원이 그 은갈치 양복을 입고 면접장에 등장하는 웃지 못할 해프닝도 있었다. 오히려 네이비 양복을 입은 면접자에게 시선이 갈 정도로, 은갈치 양복은 면접자의 이미지를 오히려 깎아 먹었다.

헤어스타일도 유사하다. 2015년도 경에는 남성 헤어에 큰 유행 하나가 몰려왔다. 투블럭 헤어스타일이다. 면접장에 등장하는 남성 면접자 다섯 명의 헤어스타일이 모두 투블럭이다. 여자면접자의 대부분은 신입사원 때, 검정색 투피스 치마 정장에 흰색 블라우스로 통일시킨다.

면접은 이래야 한다는 생각이 통일된 면접자 이미지를 만든 것 같다. 최근에는 여자 구직자들도 바지정장이나 직종에 따라서 투피스가 아닌 원피를 입기도 한다. 안경을 쓰면 안 된다는 이미지 메이킹 법칙에 따르지 않고, 안경을 쓰고 면접을 보고 합격하기도 한다.

최근 많은 대기업들이 기존의 정기공채를 폐지하고 직종별 수시채용으로 전환하고 있다. 예전처럼 공채를 통한 대규모 채용이 소규모 수시채용으로 바뀐 만큼 남과 다른 이미지로 면접 복장을 준비하기보다는 나에게 맞는 복장 전략이 더 필요하다. 그래서 나의 복장 아이템이 현재 너무 유행을 타는 것이라면 다른 아이템으로 눈길을 돌리는 것이 필요하다.

나를 빛내줄 아이템은 유행하는 아이템이 아니라, 내게 잘 어울리는 보통의 아이템이 될 가능성이 높다. 그래서, 복장 점검은 귀찮지만 여러 매장을 돌며 많이 입어보고, 거울을 보면서 판단할 필요가 있다.

마지막 법칙은 내게 맞는 색깔을 선택하는 것이다. 정장 색깔, 넥타이 색깔, 구두 색깔, 액세서리는 어떤 색으로 할 것인지 고민을 할 때는 일단 큰 범위에서 나는 뜨거운 이미지인지, 차가운 이미지 인지 결정해보자. 얼굴이 붉은 계열의 살집이 있는 구직자는 뜨겁고 더워 보이는 이미지로, 내 면접 복장은 차가운 계열이 맞는다. 청색 계열의 넥타이나 정장, 액세서리는 금색 계열보다는 은색의 차가운 느낌이, 가죽은 갈색 계열보다는 검정색 계열이 좀 더 나를 차갑게 보완해준다.

얼굴이 하얗고, 날씬한 체형의 구직자는 차가운 색으로 보완하기보다, 따듯한 색으로 보완하는 것이 좋다. 넥타이를 고를 때는 차가운 청색 계열보다는 벽돌색처럼 따듯한 느낌의 색 선택을, 액세서리는 금색 계열로 풍부한 느낌을, 따듯한 갈색 구두도 나의 단점을 잘 보완해준다.

그렇게 다양한 색상 중 내게 맞는 색깔을 고르는 방법은 조금의 시간을 투자하는 것이다. 집에 있는 옷들을 차례대로 착용하며 내 이미지의 변화를 느껴보고, 나를 가장 멋지게 만드는 색깔을 선택해 면접장에서 입을 복장에 적용하는 것이다.

옷을 잘 입는다고 합격하지는 않는다. 하지만 옷을 잘못 입어 내 이미지에 손상이 가면 불합격할 수는 있다. 즉, 복장에 대한 점검은 붙기 위해서 하는 것이기보다는, 불합격을 방지하기 위한 최선의 노력이라는 점을 잊지 말자.

A-4. 여러 면접 유형을 겪게 될 텐데

"그룹토론 면접에서는 무엇을 평가할까?"

기업이 생기면서 채용이라는 제도가 생겼을 테고, 채용제도 중 가장 오래된 평가방법은 직접 얼굴을 보고 평가하는 면접일 것이다. 면접에서 '면'이라는 의미가 얼굴 '면(面)'자이니 얼굴을 봐야 그 사람이 어떤 사람인지 평가가 가능하다는 의미로 면접의 중요성은 굳이 말할 필요가 없을 정도이다.

이렇게 오래된 제도이다 보니 면접의 종류 또한 매우 다양해졌다. 최근 많은 기업들이 도입하고 있는 AI 면접부터 인성 면접까지 우리가 만나게 될 면접의 종류는 채용의 역사 속에 가장 많은 발전을 한 듯하다.

하지만, 면접의 가장 기본은 그 사람의 얼굴을 통해 그 사람의 내면을 정확히 보고 싶다는 목적에서 크게 벗어나지 않는다. 따라서 여러 면접 유형을 만나게 될 구직자들은 이것 하나만은 기억하자. 면접의 종류는 다양해도 면접의 목적은 하나라는 것.

즉 면접의 목적은 우리 회사에서 성과를 내며 조직에 속한 사람들과 잘 화합하며 일할 사람을 채용한다는 것이다. 따라서 이런 딜레마에 빠지기도 한다. 성과는 좋으나 독불장군인 사람과, 성과는 좀 부족하나 조직 내 팀워크가 강한 사람 중 누구를 채용할 것인가에 대한 고민이다. 당신이라면 어떤 결론을 내리겠는가? 대부분은 팀워크를 갖춘 인재를 채용하겠다는 답변을 할 테지만, 실제 내가 회사의 면접관이라면 고민스러운 지점이 아닐 수 없을 것이다.

따라서, 성과와 화합, 이 두 가지를 모두 갖춘 인재를 채용하기를 희망하다 보니 면접의 목적도 면접의 유형에 따라 조금씩 변화하기 시작했다. 그렇다면 최근 공공기관에서 많이 실시하는 그룹토론 면접은 특별히 어떤 점을 평가하기 좋은 면접일까? 그룹토론 면접은 말 그대로 함께 하는 면접이기 때문에 다른 면접에 비해 팀워크를 평가하기 용이한 면접이다.

최근 혼자서는 성과를 잘 내는 인재가 팀이 함께하면 저성과자로 평가받는 경우가 많다고들 말하기도 하고, 모든 시대의 어른들이 그랬던 것처럼 "요즘 젊은 친구들은 도대체 회사를 위해 희생하지 않는다"고 혀를 차기도 한다. 그러다 보니 그룹토론 면접을 채택한 기업들은 그룹토론을 통해 타인의 의견을 경청하는 자세, 타인의 다른 생각에 어떻게 반론하는지, 나의 생각을 타인에게 어떻게 전달하는지를 평가하고 싶은가 보다.

그렇다면 면접에서 개인기가 좀 더 필요한 프레젠테이션 면접을 살펴보자. 최근 프레젠테이션 면접은 콘텐츠에 대한 전문적인 지식을 얼마나 갖추었나를 평가하기보다 발표력이 얼마나 좋은지를 평가하는 쪽으로 평가 방향을 갖춰나가고 있다. 그래서인지 면접주제가 조금 더 쉬운 쪽으로 정해지는 듯하다. 자기소개를 3분 발표하고 질의응답 하는 기업들이 늘어나고 있는 것은 이러한 추세를 반영하고 있다.

이런 프레젠테이션 면접은 본인의 생각을 얼마나 논리적으로 설득하는지에 평가요소를 두고 있다. 그래서 내 생각을 효과적으로 표현하는 면접자가 점수를 획득하는 구조이다. 3분에서 5분 정도 발표력이라는 개인기가 필요한 면접이다. 이때 그룹토론 면접처럼 팀워크나 화합 등이 평가되기는 어렵다. 마케팅직, 콘텐츠기획직 등 개인의 역량이 더 필요한 직무에 프레젠테이션 면접이 많이 도입되는 이유이다. 또한, 경력직에게는 시장분석 · 경쟁사 분석 · 사업기획 등의 주제를 준 다음 이를 10~20분 내외로 구성해 발표하는 좀 더 무거운 프레젠테이션이 운영되기도 한다.

그런데 이들 면접의 면접관으로 평가를 끝낸 면접관들이 공통적으로 하는 말이 있다. 그룹토론 면접이라고 해서 팀워크만 볼 수 있을까? 프레젠테이션 면접이라고 해서 발표력만 볼 수 있을까, 라는 말이다.

이 두 면접은 각각 더 평가하고 싶은 부분이 분명히 있지만, 그럼에도 두 면접 모두 인성과 실력이라는 두 부분을 평가한다는 것이다. 요리 면접, 축구 면접, 등산 면접, 합숙 면접 등 면접의 유형 및 종류가 다양하지만 모든 면접이 모두 집중하는 그 두 가지는 실력과 인성을 갖춘 인재를 선발하고 싶다는 욕구를 갖고 있다는 것이다.

요리를 하면서 면접을 보고, 등산을 하면서 면접을 하는 이유는 면접평가라는 콘텐츠를 담는 도구는 다르지만, 우수하고 조직 지향성을 갖춘 인재를 선발하기 위한 목적은 동일하다는 것이다.

즉, 이 두 역량을 갖춘 인재를 선발하기 위해 도구를 다양하게 준비하고, 다양한 평가방법 도입을 통해 우수 인재 선발을 위해 몰입하며 선발 도구를 개발했던 역사가 면접의 유형이 다양해졌던 이유이다. 그러다 보니 최근에는 엄청 다양했던 면접의 종류들이 조금 추려지는 추세이다. 예전에는 술자리 면접, 추론 면접 등이 유행했던 시절도 있었으나 지금은 인성 면접, 직무 면접, 그룹토론 면접, 프레젠테이션 면접 정도로 단순화되었다.

그래서 면접자들은 면접의 일반적인 목적을 의미하고, 유형별 면접에서 특별히 더 관찰되는 평가요인이 무엇인지 확인한 뒤, 그 면접에 맞는 콘텐츠를 준비하는 것이 필요할 것이다. 또한, 최근에는 좋은 인성을 갖춘 인재에 대한 수요가 더 강해지는 경향이 짙어지고 있으니 대인관계에 대해서, 직업윤리에 대해서 내가 좋은 인재라는 것을 증명해줄 만한 경험들을 잘 준비하고 면접에 임하기 바란다.

A-5. NCS는 뭐고, 블라인드는 뭐야?

"공정함을 갖춘 기업이 성장한다"

최근 Z세대에 대한 연구가 활발하다. 그리고 Z세대가 중요하게 생각하는 가치 중 '공정함'이라는 것이 있다는 신문기사를 읽어본 기억이 있을 것이다. 흙수저, 금수저라는 말이 유행하고 예전처럼 개천에서 용난다는 속담이 폐기되는 시절에 공정한 경쟁을 통한 평가는 무엇보다 중요한 시절이 되었다.

NCS(National Competency Standards, 국가직무능력표준) 제도가 공공기관에 도입된 배경에도 공정한 평가의 중요성이 한몫하고 있다. NCS가 도입되기 전, 신입 구직자들의 생각에는 '공공기관은 학벌이 좋아야지 입사하는 것 아냐?'라는 생각이 보편적으로 깔려있었다. 또한, 강원랜드 채용 비리 사건이 크게 터지면서 공공기관은 부정한 방법으로 입사할 수 있는 기업이라는 부정적인 이미지가 생성되기도 했다.

2018년도 강원랜드에 부정으로 입사한 226명에 대해서 직권 면직 조치가 이뤄지고, 공공기관, 공기업, 은행업종들이 NCS 제도를 도입하며 최근에는 공공기관 입사에 대한 이미지가 개선되고, 잘 준비하면 입사가 가능한 기업이라는 생각들도 자리 잡고 있다.

그리고, 블라인드 채용이 도입되면서 설왕설래 말들은 많았지만 새로운 채용문화로 자리 잡아가고 있다. 블라인드 채용이 막 도입되던 초기에 웃지 못할 해프닝도 있었다. 학생 한 명이 추가 학기로 NCS '직업기초역량'이라는 내 수업을 신청한 적이 있다. 9학기를 수강하는 일은 드문 일이라서, 추가 학기를 듣는 이유를 물어보니, "학점이 3.5 정도로 낮은 편인데 공공기관에 입사하려면 학점이 높아야 한다고 친구에게 들었다. 그래서 점수가 낮은 몇 개 수업을 포기하고 다시 들어서 학점을 올리기 위해 추가 학기를 듣는 것입니다"라는 답변을 내놓았다. 블라인드 채용이라서 이력서에 학교명도 전공명도 학점도 안 적어서 학점이 중요하지 않다는 내 설명에 얼굴이 붉어진 이 학생은 수업을 듣는 내내 기운이 없었다.

지금은 블라인드 채용에 대해서 어느 정도 이해하고 있

기는 하나, 사기업에서는 아직 도입하지 않는 곳이 많아서 어느 정도 블라인드 채용을 적용하고 있는지 구직자 입장에서는 아직도 선명하지 않은 듯하다.

NCS 제도, 블라인드 채용제도 이 두 개의 제도는 모두 공정한 채용이라는 목적에서 유사하다. 하지만, 다른 점이 있다면 NCS 제도는 채용에서 평가, 그리고 인력개발이라는 측면에서 기업들이 표준화하여 사용할 수 있도록 만든 좀 더 규모가 큰 제도라면 블라인드 채용은 서류전형, 면접전형에서의 차별적 요소를 배제하도록 만든 제도라고 이해하는 것이 좋겠다.

또한, NCS 제도는 공공기관에서 도입하여 적용되고 있으며 특히 구직자 입장에서는 채용 제도로 활용되고 있다는 점을 이해할 필요가 있다. 즉, 예전에는 공공기관별로 시험제도가 각기 달라 구직자 입장에서 구직준비하기가 어려웠다. 이에 한국산업인력공단에서 표준화된 직업기초역량을 준비해 무료로 배포하고, 그 범위 내에서 시험이 출제되도록 표준화해 구직자들의 부담을 줄이려고 노력하였다.

물론 제도의 목적대로 운영되고 있다는 평가는 하기 어렵지만, 그래도 도입 전보다는 좀 더 다양한 대학의 졸업생들이 공공기관에 입사하고 있다는 연구결과가 보고된 바 있다. 그리고 확실히 면접에서의 공정함을 지키기 위한 노력들도 강화되고 있음을 현장에서 느낀다. 면접관 대상 사전 교육이 폐지되었다든가, 한 번 면접 평가에 참여했던 면접관은 몇 년 동안 동일한 면접평가에 참여하지 못하게 한다거나, 역량 면접의 도입으로 좀 더 과학적인 방법으로 평가하려고 노력하는 점 등은 NCS 제도 도입 후, 확연히 변화된 모습이다.

또한, NCS 제도 도입 전에는 여성 면접관이 참여한 적이 거의 없었으나 현재 면접관은 내부 면접관이나 외부 면접관이나 여성 면접관의 참여가 현저히 눈에 띈다. 이제까지 남성 면접관의 눈으로 평가하던 방식에서 좀 더 다양성을 확보한 것이다.

이와 함께 면접장에서의 질문들도 좀 더 정제되고 있다. 아버지는 뭐 하시냐는 평가에 도움이 안 되는 질문들이 사라졌으며 이력서에 키가 몇인지, 시력이 몇인지를 적어야 하는 개인정보를 담지 않아도 되었다. 결혼은 했는지, 아기를 키우면서 직장생활은 가능한지 물을 수 없는 면접이며 서류로의 변화는 20년을 이 업종에서 일하면서 봐왔던 변화 중 가장 큰 변화이다.

물론 이런 변화가 더 좋은 인재를 뽑을 수 있는 방법이라는 데 이의를 갖고 있는 사람들도 많고, 블라인드로 채용한 인재의 효과성에 불만을 갖고 있는 현장의 목소리도 많을 것이다. 하지만, 공정성이라는 목소리로 자신의 표현하는 Z세대에게는 블라인드 채용이라는 제도가 꽤 매력적으로 보인다. 그리고, 향후 이렇게 채용된 Z세대를 위한 평가제도 및 교육훈련 제도가 다시 개편될 필요가 있을 것이다.

하지만 블라인드 채용이나 NCS 채용 등이 적용된 기업과 그렇지 않은 기업의 면접장 온도는 현격한 차이가 있는 것도 사실이다. 아직도 아버지 직업을 묻고, 결혼 여부를 묻는 기업들이 공존한다.

따라서 구직자들은 기업에 입사 시, 블라인드 채용 여부, NCS 도입 여부, 채용절차법 도입 여부 등을 꼼꼼히 살피고,

이에 맞는 면접 준비가 필요하다. 블라인드 채용은 면접에서 신상명세에 대한 질문이 금지되어있는 만큼, 직업기초역량 중 대인관계, 직업윤리 능력을 평가하는 질문이 주를 이루고 있어 이에 대한 준비가 필요하다. 또한, 면접 중 면접관의 질문이 블라인드 제도에 반하는 질문일 경우, 이에 대해 답변을 하지 않을 수 있다는 점이다.

NCS, 블라인드 등 면접이나 채용과 관련하여 크게 변화하는 시기이고, 좋은 제도가 나쁜 제도의 개선을 유도하는 경향성이 있는 만큼 이 두 제도가 공정성이라는 결과를 가져온다는 평가가 있다면 향후, 블라인드 방식의 채용이 대세 흐름이 될 것이라고 예상한다.

B. 역지사지

B-1. 이런 저런 질문 - 지원동기

"나도 모를 지원동기 지금부터 만들기"

면접 질문은 크게 보았을 때, 다섯 가지로 구분할 수 있다. 가장 많은 질문은 지원동기 부분이다. 우리 회사에 왜 지원했나요? 우리 회사의 어떤 점이 마음에 들어 지원하게 되었나요? 이 직무는 언제부터 관심을 가지게 되었나요? 직무 관련하여 무엇을 준비했나요? 본인의 적성에 잘 맞는 직무에 도전하고 있다고 생각하나요? 왜 이 일에 도전하게 되었나요? 등 질문은 다르게 들리지만, 사실 기업에 지원하게 된 동기나, 직무에 지원하게 된 동기를 묻고 있다.

경력직으로 면접을 치른다면, 다른 동기 하나가 추가된다. 왜 이직을 결심하게 되었나요? 라는 질문으로, 이직 사유를 묻는 것이다. 그래서 면접 준비 과정에서 제일 먼저 준비해야 할 것이 내 마음의 동기를 끄집어내는 것이다. 그리고 끄집어낸 그 동기를 자세히 평가해 보아야 한다. 그 동기를 면접장에서 말해도 좋을지, 말하면 안 되는지, 자체 심의가 필요하다.

예를 들어, 최근 인기가 높은 공공기관 취업에 있어 꺼내본, 지원동기를 보니, 아쉽게도 안정성이 높은 기업에 취업하고 싶어서요, 라는 모양새를 띠고 있다. 이 동기를 면접장에서 말해야 할까, 말아야 할까 평가해보자. 평가 방법은 두 가지이다. 첫 번째 이 동기는 면접관이 들었을 때, 점수를 줄 만한 내용인지 생각해보자. 두 번째, 이 동기는 다른 나의 경쟁자도 갖고 있는 생각인지 나만의 생각인지 다시 평가해보자.

평가 결과, 점수를 줄 만한 내용이며, 나만의 생각으로 독창적이라는 평가가 든다면, 면접 시에 말해도 되는 동기이다. 하지만 면접관이 평가하기 어렵고, 다른 후보자들의 동기와 차별성이 없다면 다른 동기를 다시 찾아야 한다. 이렇게 꺼내어 보고, 평가하는 과정을 반복하며 나의 동기를 만드는 것이 필요하다.

사실 지원동기라는 것이 나 스스로도 발견하기 어렵기 때문에 타인이 평가하기 쉬운 영역이 아니다. 빙산의 바닥에 깊숙이 깔려있어 지원동기를 만드는 과정이 가장 어렵다고 말하는 구직자들을 많이 발견한다. 즉 반대로 말하면, 지원동기를 면접장에서 또박또박 말하는 사람들이 적기 때문에 사전 준비 과정에서 공들여 잘 만들어 둔다면 눈에 띄는 면접자가 될 확률이 높아진다는 말이기도 하다.

모 기관의 면접관으로 참여하던 중, 기억에 남는 한 구직자의 답변이 떠오른다. 대부분의 면접자가 기업에 대한 지원동기로, 공공기관에 취업을 하여 국민을 위한 봉사를 하고 싶기에 지원하게 되었다는 누구나가 말하는 답변을 하였을 때, 한 면접자가 "2020년 봄에 발간된 사보에서 한 근로자의 인터뷰 기사를 보았습니다. 제가 지원한 이 공기업은 나라의 기금을 잘 운용하는 곳이라는 생각에 머물었는데, 이 기사를 읽으며 근로자를 위한 문화예술 사업도 진행하며 근로자 마음속 복지까지 살피는 기업이라는 생각까지 발전하게 되어, 다른 공공기관 취업도 좋겠지만, 최우선적으로 오늘 면접을 보는 기업에서 일하면 일하면서 얻을 수 있는 보람도 클 것이라는 생각에 지원하게 되었습니다"라고 답변을 하여 면접관이 "우리 기업에 대해서 많이 조사했나 보네요. 혹시 알고 있는 문화행사는 어떤 것이 있는지 답변 가능한가요?"란 추가 질문까지 받을 수 있었다. 물론, 추가 질문에 대한 답변도 훌륭했다.

기업에 대한 지원동기는 얼마나 우리 회사에 입사하고 싶은지에 대한 갈망을 말하는 것이다. 따라서 사전 준비 과정에서의 치밀한 조사와 면접장에서 꺼내놓을 콘텐츠를 잘 정돈하는 것이 합격에 큰 영향을 미친다. 다른 질문에 비해 많은 공이 필요하다. 게다가 구직활동을 하다 보면, 내가 생각하지도 않았던 기업에도 지원을 하는 일이 생기기 때문에 기업에 대한 지원동기는 늘 새롭게 창조되어야 한다. 어려울 수밖에 없다.

그래서 기업에 대한 지원동기를 만들 때는 두 가지만 기억하라. 첫째, 회사의 홈페이지에서 잘 보이는 콘텐츠, 그 기업의 대표 콘텐츠에 관심을 기울이지 말고, 잘 안 보이는 곳까지 파고들어라. 그래야 내 경쟁자의 지원동기와 유사해지는 것을 막을 수 있다. 면접관이 이런 것까지 조사했어요? 라는 생각이 들게 해야 한다.

둘째, 애정을 표현하라. "당신의 아름답지 않은 외모임에도 나는 당신을 사랑합니다"라는 청혼이 없듯이, 내가 지원하는 기업이 중소기업임에도 앞으로의 성장 가능성을 믿고 지원한다는 말에 혹할 기업은 없다는 것이다. 그보다는 내가 지원하는 기업이 생산하는 제품의 우수성에 반한 당신을 어필하는 것이 평가자 입장에서는 후한 평가를 할 수 있을 것이다.

셋째, 세상의 어떤 청혼에도 이런 멘트는 없다. "당신의 재산이 너무 많고, 당신의 아버지가 재벌이라서 나는 청혼합니다"라는 청혼이다. 기업의 우수함을 칭찬할 때는 환경적인 부분보다는 제품의 우수성을 칭찬하는 것이 좋다. 대기업이라서 지원하고, 안정적인 직업환경이라서 지원하는 것이 아닌, 내가 이 회사를 위해서 할 것이 있기에 지원하는 것이다. 하다못해 손에 물 한 방울 묻히지 않겠다는 유명한 프로포즈는 아니더라도, 내가 지원하는 기업을 위해 노력하는 내 모습이 지원동기로 들어가야 하지 않겠는가?

B-2. 이런 저런 질문 - 성격의 장단점

"뻔한 답변에서 벗어나서 솔직함으로 승부하라"

성격의 장단점도 빼놓기 어려운 기본 질문 중에 하나다. 최근 들어서는 이 질문을 빼는 기업들이 늘고 있지만, 여전히 면접장의 단골 질문이다. 이 질문은 이렇듯 단골 질문임에도 답변 준비하기는 참 어려운 질문 중 하나이다.

그러다 보니 면접에서는 면접관과 면접자 간의 힘겨루기가 이뤄지기도 한다. "성격의 장단점을 말해보세요"라는 질문에 면접자는 단점을 말하면 점수가 깎일 것 같아 단점인 듯 장점 같은 모호한 답변을 내세운다.

"제 단점은 성격이 너무 꼼꼼해서 일 처리가 늦다는 것입니다"란 답변에 면접관은 인상 좋게 한마디 거든다. "정말 단점 말해도 괜찮으니까, 정말 본인의 단점을 말해보세요. 지금 말한 것은 단점이 아니잖아요. 진짜 단점 부탁해요."

면접자는 혼란스럽다. 무엇을 말해야 할지, 나의 단점을 노출해도 좋을지 말이다. "다시 제 단점을 이야기 드리겠습니다. 제 단점은 완벽함을 기하기 때문에 일의 속도가 늦다는 것입니다. 이것이 제 단점입니다"라고 다시 한번 단점을 이야기한다.

면접관은 이제 인상이 찌푸려진다. "아니 진짜 단점을 말하라니까, 왜 들어오는 면접자마다 다 완벽해서 일 처리가 늦다고만 말하죠? 짜고 들어왔나요?"

웃긴 상황이지만 실제로 면접장에서 자주 일어나는 상황이다. 이런 실랑이를 치르다 보니, 모 기업에서는 자기소개서 질문에 이런 사족을 달기도 한다. "진짜 단점을 적어주세요."

따라서 최근 단점을 물어보는 질문은 조금 길어지는 경향이 있다. 본인의 단점과 그 단점을 극복하기 위한 나의 노력은 무엇인가요? 등으로 말이다. 그럼 본인의 단점을 면접장에서 이야기하기 위해 필요한 것은 무엇일까? 말 그대로 자신에 관한 탐구가 필요하다. 자신에 관한 탐구를 하는 방법은 다양하다. 자신에 대한 성찰이 그 방법이 될 수도 있고, 직업심리검사 등을 활용하는 것도 방법이 될 수 있다. 예를 들어 학교에서 많이 이뤄지는 MBTI 유형 검사를 받고 나면 본인의 성격의 장단점에 대한 설명이 제공된다. 그리고 다행스럽게도 MBTI 검사 설명에는 어떤 성격도 더 훌륭하고 덜 훌륭한 성격은 없다는 소개가 곁들여져 있다.

따라서 이 질문은 본인에 대한 성찰과 검사 도구의 협조를 통해 다시 한번 나를 돌아봐야 답이 나온다. 그래야 뻔한 답변에서 벗어나 면접에서 면접관의 고개를 끄덕이게 할 수 있다. 예를 들어 ENFP 유형은 스파크라는 별명이 붙여진 유형으로 창의적인 아이디어가 스파크처럼 튀어 오르나, 스파크처럼 초기 흥미가 오래 가지 못한다는 장단점을 갖고 있다.

이 유형의 경우는 "저는 초기 흥미가 강해서 일을 시작할 때는 엄청 밀어붙이는 경향이 있으나 에너지가 끝까지 가지 않아 마무리하는 것이 힘들다는 성격적인 단점이 있습니다. 이런 성격의 단점을 알고 나서는 일을 시작할 때, 내가 혼자 할 수 있는 일인지, 나의 이런 단점을 보완해줄 동료가 함께하는지 등을 체크 하고, 하기 힘들다는 판단이 서면 너무 하고 싶은 일이라고 해도 쉽게 시작하지 않으려고 노력합니다. 하지만 타고난 성격인지라 새로운 일에 흥미가 가는 것은 참기가 쉽지가 않습니다. 이것이 저의 성격의 단점입니다"라고 표현할 수 있겠다. 즉, 성격의 단점은 오랜 시간 동안의 자기성찰이 있지 않다면 나 자신이라고 해도 발견하기 쉽지 않으니 심리검사 도구를 활용하여 그 결과를 통해 나를 바라보는 것도 좋은 방법일 것이다.

반면 성격의 장점은 보다 쉽게 표현이 가능하다. 하지만 장점을 이야기할 때는 두 가지를 고려하는 것이 좋다. 그 장점이 직무상에 있어서 장점으로 작용할 수 있을지와 그 장점을 증명할 수 있는 과거 경험이 있는지 확인해야 한다.

예를 들어 창의성이 뛰어나고, 순발력이 강한 장점은 콘텐츠 기획직이나 이벤트 마케팅직에는 큰 장점으로 발휘될 것이다. 하지만 꼼꼼함과 정확성이 기본이 되어야 하는 회계직에는 크게 장점으로 작용하기가 어려울 것이다. 즉, 내 직무가 요구하는 장점을 이야기할 때, 면접관이 고개를 끄덕이게 만들 수 있는 것이어야 한다.

또한, "저는 순발력이 강합니다"라고 말했을 경우, 순발력을 발휘해서 좋은 성과를 냈던 경험을 함께 말해 나의 순발력에 대해 증명해주는 것이 좋다. 만약 이렇게 연결하지 않는다면 면접관이 추가 질문을 할 것이다. "그렇다면 순발력을 발휘했던 경험이 있나요? 어떻게 순발력을 발휘했는지 구체적으로 이야기해주세요."

결국, 면접이란 내가 잘 할 수 있는 것이 무엇인지 계속해서 어필하는 자리이다. 단점을 물어보기보다는 장점을 물어볼 수 있는 자리라는 것이다. 그렇기 때문에 성격의 장점은 세 개 이상 준비해서 각기 면접 질문에서 활용하고 성격의 단점은 확실한 한 개를 만들어서 성격의 단점을 묻는 질문에 활용하면 된다.

그리고 중요한 점은 이 질문은 매우 빈번히 면접장에서 활용되는 질문이라는 것이다. 그렇기 때문에 면접장에 가기 전에 세 번 이상 소리 내어 연습하고, 면접관 입장에서 점수를 줄 수 있는 답변인지 스스로 평가하는 자세가 필요하다.

면접에서는 나에 대해서 묻는 질문이 대부분이다. 즉, 나에 대한 탐색이 없이는 면접에서 답변하기가 어렵다. 구직 활동을 성공적으로 마친 한 구직자가 이렇게 말한다. “구직 활동이 어렵기는 하지만, 나에 대해서 알아가는 과정으로는 보람이 있었다. 이렇게 치열하게 나의 역량, 나의 재능에 대해서 생각해본 적이 없었다.”

면접 준비가 어렵긴 하지만, 이 과정을 통해 성공적인 사회진출을 하고, 사회진출 후에 나를 찾아가며 성공적인 경력을 쌓아나가는 것이라 믿는다. 내 단점을 알아야 그 단점을 활용할 수 있다. 이 질문에는 뻔한 답변에서 벗어나 정말 나를 찾아 면접관에서 전달하라.

B-3. 이런 저런 질문 – 입사 후 포부

"나를 위한 계획이 아닌, 회사를 위한 계획"

입사 후 포부는 신입직에게도, 경력직에게도 항상 많이 물어보는 질문이다. 이제까지의 답변들이 나의 과거의 경험, 경력에 대한 이야기를 중심으로 이루어졌다면 입사 후 포부에 대한 질문은 나의 미래 계획에 대한 이야기다.

그렇기 때문에 신입직에게는 입사 후 포부가 막연한 느낌일 수 있을 것이다. 일을 해본 경험이 없기도 하고, 직무에 대한 사전 조사도 미흡하고 말이다. 그래서일까, 면접장에서 면접자들의 입사 후 포부는 말 그대로 포부에 그칠 때가 많다. 아직까지도 회사에 뼈를 묻을 각오로 성실하게 열심히 일하겠다고 말하는 구직자들이 있으니 호랑이 담배 피던 시절의 면접 답변들은 참 죽지도 않고 잘 살아남는다.

그래서, 먼저 입사 후 포부에서 말하지 않았으면 하는 스토리를 정리해보았다. 첫째, 나를 위한 학습계획은 평가에 불리하다. 예를 들면 "저는 현재 중국어 회화를 학습 중에 있습니다. 앞으로 중국시장은 더욱 확대되고, 제 직무와 직접적인 관련은 없지만, 향후 저의 자기계발을 위해 중국어 공부에 더욱 매진할 계획입니다"라는 답변은 회사에서 사용하지 않을 역량으로 회사에서 꼭 알고 싶은 정보는 아닐 듯하다.

둘째, 나에게 불리한 정보를 굳이 꺼낼 필요는 없다. "저는 인사직무로 지원을 하며 인사와 관련한 공부를 해본 적이 없습니다. 입사 후에는 인사전문가로서 성장하기 위해 인사관리 및 조직관리에 대한 공부를 하고 싶습니다"란 답변도 내가 현재 부족한 부분을 강조할 뿐, 좋은 평가를 받는데 도움이 되지 않는다.

셋째, 업무와 관련 없는 이야기는 하지 말자. 예컨대 "저의 꿈은 원대합니다. 회사에 입사해서 저는 사장까지 승진하는 것을 목표로 하고 있습니다. 이를 위해 저는 대학원에 진학할 계획입니다. 대학원에 진학하고자 하는 목표는 좋은 사장이 되기 위해 리더십을 배우기 위함입니다"라고 답변하면 어느 누구도 답변하기가 어려울 것이다.

마지막으로 열정과 의욕만으로 똘똘 뭉친 답변이다. "아직은 신입이라 서툰 것 투성이입니다. 하지만 젊은 열정과 하고자 하는 의지는 누구와도 견주어도 최고라고 자부합니다. 저를 채용하지 않는다면 크게 후회하실 겁니다." 아직까지 이런 답변하는 면접자가 있을까 싶지만, 아직도 현장에서 많이 사용되고 있는 멘트라는 것이 신기할 지경이다.

이렇게 입사 후 포부로 하지 말아야 할 답변이 정리되었다면 이제는 입사 후 포부를 만드는 방법을 단계별로 정리해보자.

1단계는 채용공고 다시 보기이다. 채용공고를 다시 보면 담당업무가 간략히 정리되어 있을 것이다. LG상사의 해외영업/신사업개발 업무 소개를 보면 "신규사업 시장 및 품목조사 및 기회발굴, 신사업모델 개발 및 사업화실행, 사업분야 관련 Trading"이라고 정리되어 있다. 그렇다면 이 업무에 다음과 같이 질문을 해본다. 신규사업 시장 조사를 어떻게 할 것인가? 신사업모델을 어떻게 개발할 것인가? 사업화 실행을 위해서 나는 무엇을 할 수 있을까? 이 질문에 대한 답변이 나의 입사 후 포부가 될 것이다.

2단계는 위 질문에 대한 나의 답변을 만들기 위해 '데스크 리서치'를 진행하는 것이다. 사실 LG상사에 지원을 하지만 LG상사가 어떤 사업을 하는지, 어떤 원재료를 수입하는지 잘 모를 것이다. 그렇기 때문에 홈페이지에서 사업내용을 조사하고, 신문기사 검색, 무역업종 관련 보고서 검색 등을 통해 업종에 대해서, 산업에 대해서 정리한다. 그중 본인이 조금이라도 알고 있는 내용을 입사 후 포부로 활용하겠다고 결정하고 내용을 정리한다.

3단계는 업무에 대한 검색이다. 업무 검색은 NCS 홈페이지(www.ncs.go.kr)에서 가능하다. 현재 대부분 직무에 대한 업무 표준화가 마무리되어 있기 때문에 NCS 및 학습 모듈 검색을 통해 희망직무에 대해 학습할 수 있으며 이를 활용해 입사 후 포부를 만들 수 있다. 특히 직무에 대한 세부적인 내용을 모르는 신입에게 매우 유용한 자료이다.

이와 같은 단계를 통해 직무 중심의 좀 더 구체적인 입사 후 포부를 준비하면 실제 면접에서 면접관의 추가 질문에도 답변할 수 있다. "그렇다면 본인이 지원 업무와 잘 맞는다고 생각하는 이유가 무엇인가요?", "입사해서 더 배워야 할 부분이 있다면 무엇이라고 생각하나요?" 등의 질문이다.

결국 입사 후 포부는 내가 지원하는 직무에서 어떻게 성과를 낼 것인지에 대한 구체적인 답변을 하는 것이라고 생각하면 좀 더 간단할 듯싶다. 그렇기 때문에 신문기사에서 관련 직무전문가의 인터뷰 기사를 참조해도 좋고, 잇다(www.itdda.net) 같은 멘토링 제공 사이트의 전문가 멘토링 내용을 참고해도 좋다. 아니면 대기업에 채용홈페이지에 정리되어 있는 직무소개 페이지나, 직장인의 하루 같은 페이지를 참조하여 내가 잘 모르는 직무에 대해서 머릿속으로 정리해 놓아야 한다.

해보지 않은 일이라서, 신입의 입장에서는 직무 계획을 정리하는 것이 어려울 수도 있겠지만, 경쟁자와의 차별성을 둘 수 있는 어려운 질문이기 때문에 오히려 잘만 준비하면 면접장에서 면접관의 눈에 띌 수도 있을 것이다.

B-4. 이런 저런 질문 - 마지막 하고 싶은 말

"간절함과 진실함으로 승부하라"

면접에 참가한 면접자들은 면접이 끝나고 나면 아쉬움이 한가득 남는다. 내가 왜 그랬을까라는 탄식에서부터 이렇게 말하면 되는데 왜 그때는 생각이 안 났을까? 라는 후회까지, 아쉬움에 나는 떨어졌을 거라는 자기 평가가 이어진다.

그래서일까? 최근 면접에는 마지막으로 하고 싶은 말이 있으면 하라고 기회를 한 번 더 주는 경우가 많다. 이 기회라도 주면 면접자의 아쉬운 마음을 달랠 수 있을 것이라는 면접관의 배려가 섞인 질문이다.

하지만 배려가 섞인 질문임에도 평가를 받는 면접자의 입장에서는 이 질문도 잘 답변하겠다는 의지로 인해 어떻게 답변해야 하는지 질문하는 구직자들이 많은 편이다. 이런 질문에는 "면접관이 질문하지 않아서 답변 못한 것 중 하나를 덧붙여 이야기하세요"라고 전달하는 편이다.

내가 정말 이 회사에 입사하고 싶다는 의지를 전달하거나 면접 중 못한 이야기를 전달하는 정도로 가볍게 준비하면 되겠다. 마지막으로 하고 싶은 말로 면접의 결과가 뒤집히는 경우는 많지 않으니까, 점수를 잃지 않도록 끝까지 최선을 다하는 모습을 보이는 것이 좋다. 하지만 신입의 경우, 남들이 다들 마지막 의지를 전달할 때 나만 할 말이 없습니다, 라며 답변을 피하는 것은 자칫 적극성이 떨어져 보일 수도 있으니 그래도 할 말은 가볍게 준비하는 것이 좋겠다.

수많은 기업의 면접관으로 면접을 진행하며 마지막으로 하고 싶은 말이라는 질문에 떠오르는 면접자 한 명이 있다. 지방에 본사를 두고 있는 모 공공기관에 면접관으로 갔을 때의 일이다. 고졸자 전형으로 최종 면접을 진행하였고, 일곱 명의 지원자 중 두 명의 합격자를 선별하는 면접이었다. 면접은 순조롭게 진행이 되었고 마지막 질문으로 역시 "마지막 하고 싶은 말 있으면 하고, 오늘 면접을 마치겠습니다"가 던져졌다.

다들 그동안 보았던 다른 면접과 다르지 않은 마지막 한마디가 시작되었다. 이제 마지막 면접자의 한마디만 끝나면 길고 길었던 면접이 끝나는 순간이다.

"저에게 면접의 기회를 주신, 면접관님에게 감사의 인사를 먼저 전합니다. 저는 이제 막 고등학교를 졸업하고 첫 번째 면접장에 왔습니다. 모두가 면접 준비가 힘들겠지만, 너무 가고 싶은 기업에 첫 번째 면접 준비를 하는 저로서는 정말 매일 눈물을 흘릴 만큼 힘들었습니다. 그렇게 힘들 때마다 저는 직방이라는 어플에서 만약 취업하게 되면 살 집을 알아보았습니다. 취업해서 새롭게 살 도시에서 새롭게 살 방을 생각하면 잠시나마 힘든 것을 잊을 수 있었습니다. 그리고 저는 살고 싶은 방 하나를 점찍어 두었습니다. 제가 오늘 면접에서 최종합격할 수 있도록 면접관님들께서 좋은 점수를 주셔서 직방에 찍어둔 그 방을 클릭할 수 있도록 도와주십시오. 이상으로 마치겠습니다."

고등학교를 막 졸업한 어린 구직자의 떨리는 목소리에서 왠지 모를 간절함이 느껴졌다. 저토록 간절한 마음을 갖고 있는 이에게 필요한 일자리라는 생각이 들었다. 일곱 명의 면접자 모두 비슷한 실력을 갖고 있던 터라 마지막 한마디는 최종 점수가 결정되는 데 큰 역할을 하였다. 점수가 합산

되고, 최종 합격자 두 명이 선발되었다. 아쉽게도 떨리는 목소리의 그 면접자는 탈락이었다. 그런데 다른 면접관도 나와 비슷한 심정이었는지, 그 학생이 떨어져서 너무 아쉽다는 평이었다. 세 명 선발되면 너무 좋았을 텐데, 너무 괜찮은 학생이니 다른 기업에 곧 합격할 것이다는 말까지 오고갔다. 면접을 마치고 나면 면접관끼리 하는 말이 있다. 사람 보는 눈이 다 똑같지요? 라는 말이다. 이번 면접도 비슷한 눈으로 평가했나 보다.

마지막 하고 싶은 말에서는 내가 얼마나 입사하고 싶은지 간절함을 표현하라고 했던 그 법칙을 눈으로 확인하는 순간이었다. 하지만, 이 면접자 말고는 그 이후로는 한 번도 간절함을 본 적도 확인한 적도 없었던 것 같다.

면접을 준비하며 마지막 하고 싶은 말까지, 신경 쓰기는 쉽지 않다. 하지만, 최선 앞에 실패란 말이 붙기는 어려운 법이다. 끝까지 최선을 다해 나의 모든 것을 면접관 앞에 보여주는 것 만이 면접장을 나올 때, 그래, 떨어져도 후회는 없다는 심정을 만들어주는 것은 아닐까?

C. 군계일학

C-1. 인바스켓 면접

"기업과 직무 분석만이 합격의 지름길"

새로운 면접 방법들이 속속들이 등장하고 있다. 그만큼 인재를 채용하는 일이 중요하다는 뜻일 거다. 최근 들어 한국전력, 한국지역난방공사 등 주로 공공기관에서 등장하기 시작한 면접이 있다. 인바스켓(In Basket) 면접이다. 생소하게 들릴 수 있지만, 프로세스를 들어보면 바로 이해할 수 있는 면접법이다.

쉽게 이해하기 위해서는 'In Basket'을 그대로 해석하면 된다. 바구니 속에 내가 지원한 회사에서 자주 등장하는 문제 상황을 넣어두면 면접자가 그중 하나를 골라 어떤 방식으로 그 문제를 해결하겠다고 문서를 작성한 뒤, 발표하는 방식의 면접이다. 즉 NCS 직업기초역량 중 하나인 문제해결역량을 평가하기 위한 면접방식이다.

대략 업무 관련 문제해결 역량은 다음과 같이 구분할 수 있다. 업무 관련 문서작성 역량, 업무 우선순위 결정 역량, 업무 관련 갈등조정 역량, 업무 관련 고객관리 역량 등이다. 대인관계 역량도 함께 평가할 수 있다.

우리에게 가장 익숙한 인바스켓 면접 형식은 세일즈 면접이다. 회사의 영업담당자고 근무할 면접자에게 자주 등장하는 영업 상황을 주고 만약 당신이라면 어떻게 이 문제를 해결할 것인가?를 묻는 질문이다.

한 구직자가 금속회사에 면접을 보러 갔다. 면접장에는

그 회사에서 생산되는 각종 금속이 놓여 있었고, 처음 보는 제품에 구직자는 어리둥절할 수밖에 없었다. 다음 질문으로 어떤 질문이 이어질지 대강 짐작이 갔다.

"자, 앞에 있는 제품 중 하나를 들고, 그 제품을 제가 고객이라고 가정하고 한 번 설명해 보세요"란 질문이 던져졌다. 생전 처음 보는 금속을 보고 말문이 막혀서 쩔쩔매다 면접장을 나와야 했단다. 무리한 요청을 지속적으로 하는 민원을 어떻게 응대할 것인가? 정산처리해야 할 중요한 영수증을 분실하였을 경우 어떻게 할 것인가? 등 상황면접의 진일보 발전한 면접 방식이 인바스켓 면접이다.

그렇기 때문에 인바스켓 면접은 준비가 무엇보다 중요하다. 예를 들어 최근 많이 출제되는 방식인 업무 관련 문서작성 면접을 위해서는 사전에 회사에 대한 자료 조사가 필요하다. 공공기관은 알리오(www.alio.go.kr)에서 내가 지원하는 공공기관 정보를 쉽게 구할 수 있다. 회사의 조직도, 재무제표 등은 기본적으로 분석해야 하고, 회사 홈페이지에서 보도자료 등도 미리 분석해보자. 그밖에 칼럼, 기고문, 신년사, 게시판의 글들을 기반으로 회사 관련한 콘텐츠를 정리해본다.

다음에는 공문서에 대한 이해가 필요하다. 보고서, 기획서, 통계자료, 보도자료, 회의록 등 문서작성 방법을 익혀야 한다. 공문서를 고용노동부 등 정부기관에서 다운로드 받아 똑같이 만들어보는 것이 도움이 된다. 공공기관은 주로 한글 프로그램을 사용하기 때문에 문서는 HWP로 만들어 연습하는 것이 좋다.

이렇게 인바스켓 면접은 여러 가지 상황을 주고 그 상황에 대해서 해결방법을 문서로 작성하게 하여 다각도로 지원자의 능력을 평가하는 면접방식이다. 최근 지원자 1인당 면접시간이 늘어나고 있다는 기사를 접한 적이 있다. 더 우수한 직원을 채용하기 위한 기업의 노력이 증가하고 있다는 것을 보여주고 있다. 하지만 기업이 채용을 위한 평가 방법을 마련하기 위해 노력하는 만큼 구직자의 구직준비도 배 이상 힘들어지고 있는 것이라 썩 반갑지만은 않은 소식이다.

C-2. 토론 면접

"협력형 인재가 성공한다"

토론 면접이란 어떤 주제에 관해 주장하는 말하기 태도를 관찰하여 평가하는 면접방식이다. 예전 토론 면접은 찬성과 반대의 입장으로 주제를 나누고 구직자는 각각 서로의 입장을 관철시키기 위하여 근거를 들어 자기의 주장을 논리적으로 펼치고 그 장면을 면접관은 관찰하는 형식이 일반적이었으나 최근 토론 면접은 주어진 주제에 대해 자유롭게 본인의 의견을 주장하는 방식으로 진행되기도 한다.

토론 면접이 진행되기 위해서는 토론 주제, 토론자, 사회자, 토론 규칙, 그리고 면접관의 조건이 필요하다. 토론 주제는 주로 긍정이나 부정의 입장을 취할 수 있는 문제로 출제되는 경향이 짙다. 유연근무제 도입에 대한 찬반 의견, 사형제도 존속에 대한 찬반 의견 등이 주어진다. 하지만 최근에는 본인의 의견을 제시하는 토론 면접 주제도 많이 출제되는 경향이라, 직장 내 내부고발자에 대한 본인의 의견, 노인 일자리 창출 방안에 대한 본인의 의견 등이 주제로 주어지기도 한다. 따라서 내가 면접 보는 기업의 전년도 문제 유형이 찬반형인지, 의견제시형인지 정리하여 준비하면 좋다.

그리고 토론 면접이기 때문에 다른 면접과 달리 특별히 더 평가할 수 있는 요인에 대해 생각해보자. 토론 면접은 유일하게 면접관의 질문이 없는 면접 방법이다. 또한 유일하게 나의 경쟁자와 마주하고 이야기를 나눌 수 있는 면접 방법이다. 즉, 이는 조직 내에서 나와 함께 근무하게 될 동료 및 선후배들과의 토론 시, 나의 모습이 어떨지를 예측해 보는 면접이라는 것이다. 따라서, 토론 면접에서는 협조성이라는 평가요소가 다른 면접과 다르게 필요하다.

그렇기 때문에 억지로 이기기 위해 노력하는 모습보다는 다른 경쟁자를 배려하는 태도, 기분 좋게 말하는 화법, 토론에 동화되지 못한 참가자를 돕는 행동 등이 점수를 얻을 수 있는 방법이다. 하지만 이러한 태도가 갑자기 토론 면접에서 툭 하고 튀어나오는 것은 아니니 억지스럽게 협조성을 보이면 오히려 역효과가 나올 수도 있겠다.

또한 토론 면접에 얼마나 적극적으로 임하는지도 중요하

다. 나의 발언권을 충분히 활용하여 논리적으로 나의 의견을 개진하여 참가자에게 의견을 정중히 전달하는 모습도 점수를 딸 수 있는 포인트다.

그렇다면 점수를 잃는 행동에는 어떤 것들이 있을까? 먼저 토론에 적극적으로 개입하지 못하는 참가자, 타인의 의견에 무조건 반대하는 참가자, 대화의 주제에서 벗어난 발언을 하는 참가자, 나의 이야기에만 신경을 써서 바로 전에 발언한 내용과 다른 이야기를 하는 참가자, 참가자와 아이컨택하지 않고 필기에만 신경 쓰는 참가자, 갑작스럽게 결론을 맺는 참가자라고 하면 좋은 점수를 얻기는 힘들지 않을까 생각이 든다.

토론 면접은 상대방이 있어야 진행할 수 있는 면접 방법이기 때문에 경력자 면접에는 잘 등장하지 않는다. 그리고 모의 면접을 진행하기도 어렵다. 그렇기 때문에 최근 사회 이슈를 중심으로 나의 의견을 잘 정리하여 이야기하는 시간을 많이 만들어두는 것이 좋을 것이다. 토론 면접은 최근 사기업보다는 공공기관에서 더 많이 운영되고 있다. 그만큼 조직 내 협력이라는 것을 더 중시하는 조직 분위기를 대표하는 것 같다. 나라는 사람을 토론이라는 현장에서 그대로 노출하여 면접관들이 관찰할 수 있도록 하는 면접인 토론 면접인 만큼, 부드러운 인상과 말투로 나라는 사람을 보여줘보자.

C-3. BEI 면접

"과학적 평가로 인재를 선발한다"

사람의 마음속을 꿰뚫어 보고 싶지 않은가? 하지만 마음속을 볼 수 없으니 우리가 볼 수 있는 사람의 행동을 보는 것으로 그 사람을 평가하곤 한다. BEI(Behavioral Event Interview) 면접이란 행동을 통해 그 사람의 역량을 평가해보는 면접 기법이다.

우리 회사에 적합한 인재를 채용하는 일은 동서고금을 막론하고 매우 중요한 일이다. 그러다 보니 과학적인 채용 방법에 대한 욕구는 점점 커졌을 것이다. 그래서 성과가 좋은 핵심인재의 행동(Behavior)을 관찰하여 그 특성을 기록하고, 우수 인재의 행동과 유사한 행동 특성을 갖고 있는 인력을 선발하고자 하는 것이 BEI 면접의 특성이다.

예를 들어서 우리 회사에서 인사담당자 1인을 선발한다고 했을 때, 우리 조직에서 이미 성과를 내고 있는 인사담당자 1명을 인터뷰한다. 성과를 내기 위해서는 어떤 행동을 하는지 인터뷰를 통해 알아내는 것이다. 인터뷰를 했더니 좋은 인재를 선발하기 위해 인터넷 정보 검색을 하고, 후보자에게 직접 전화를 걸고, 채용공고를 더 많이 올리기 위해, 전국 대학 취업지원팀에 전화를 걸어서 직접 부탁하는 행동이 관찰이 되었다고 가정하자.

그렇다면 향후 신입 인재를 채용할 시에는 일을 진행함에 앞서 인터넷 검색이나 전화를 걸어 부탁하는 행동을 얼마나 많이 하며, 그 행동을 통해 성과를 냈는지가 궁금할 것이다. 그래서 면접 시에, 이런 질문을 만들어둔다.

"과거에 무엇인가 모집이나 홍보를 할 때, 직접 전화를 걸어 누군가를 설득해본 경험이 있는지, 있다면 그때 어떤 행동을 했는지 이야기해주시겠어요?" 그러면서 부족한 행동 묘사에 있어서는 추가 질문을 통해 후보자의 행동에 우리 조직의 우수인력의 유사 행동이 있는지를 찾아내는 면접 방법이라고 보면 되겠다.

그래서 BEI 면접을 진행할 때는 "그래서요? 그래서 다음에는 어떻게 했죠? 조금 더 그 부분에 대해서 구체적으로 이야기해주시겠어요?" 등의 질문이 추가로 이어지는 것이다. 즉 후보자의 행동특성이 나올 때까지 묻고 또 묻는 것이다. 주로 역량을 평가하기 위한 면접이라서 역량 면접이라고도 불린다.

그래서, 역량 면접을 준비할 때는 과장된 표현은 사용하면 안 된다. 물론 거짓된 경험이나 행동을 묘사하는 것도 금지다. 아울러 인터넷에서 떠도는 그럴싸한 이야기를 빌려 쓰는 것도 절대 금지이다. 준비할 것은 나의 역량이 잘 증명될만한 나만의 이야기이다. 그래서 그 이야기 속에서 나의 역량이 성과로 이어질 수 있다는 것을 잘 연결해서 이야기하면 BEI 면접은 마무리된다.

마지막으로 역량 면접의 질문 시작은 자기소개서에서 나올 수 있다는 점을 명심하자. 자기소개서에는 우리들의 이야기가 많이 담겨 있지만, 구체적인 묘사보다는 상황설명에 그치는 경우가 많다. 그렇기 때문에 면접관은 자기소개서에 기술한 경험에 대해서 추가 질문을 할 가능성이 높다. 면접 가기 전에 자기소개서에서 나올 만한 질문을 잘 정리하여 면접 준비를 하면 실제 면접에서 훨씬 자연스럽게 이야기할 수 있다. 그때 면접관은 계속 사실을 이야기하는지, 거짓을 이야기하는지 캐물을 가능성이 있으니 처음부터 사실을 중심으로 말하는 것이 면접관과 좋은 감정을 유지할 수 있다는 것도 잊지 말자. BEI 면접이 얼마나 과학적인 평가일지는 모르겠으나 BEI 면접도 사람이 보는 면접이니 면접에서의 기본기는 잊지 않는 것이 좋겠다.

C-4. 프레젠테이션 면접

"발표력과 신뢰 가는 이미지가 합격 전략"

나도 신입 시절 프레젠테이션 면접을 보았던 것이 생각난다. 자사 상품과 경쟁사 상품을 비교하여 간단한 마케팅 전략을 수립하여 발표하는 면접이었다. 3일을 밤새며 준비한 자료에 비해 나의 발표가 형편없었고, 결과는 불합격이었다. 얼마나 긴장을 했던지 5분밖에 안 되는 그 짧은 시간이 엄청 길게 느껴졌고, 얼른 발표 시간에서 벗어나면 좋겠다는 생각밖에 안 했다. 그때 긴장했던 경험이 트라우마처럼 남아서, 그 이후로 발표가 가장 싫은 일 중에 하나가 되었다.

그렇게 발표가 트라우마였던 내가 많은 사람들 앞에서 강의를 하는 직업을 갖게 되었으니 사람 일을 예측하기는 참 쉽지 않다. 가끔 프레젠테이션 면접의 면접자가 아닌, 면접관으로 역할을 할 때가 있다. 내가 구직자이던 시절이 생각나서 면접장 앞에 서서 긴장하며 발표하는 구직자의 모습을 보는 것이 썩 편치만은 않다.

프레젠테이션 면접을 잘 보는 방법이 무엇일까요? 라는 질문을 하는 구직자에게 하는 말 중에 콘텐츠에 대한 이해도가 중요하다고 말하곤 한다. 내가 프레젠테이션 면접을 망쳤던 가장 중요한 이유는 발표하려는 콘텐츠를 모두 암기하려고 했던 점이다. 사실 긴장되는 상태에서 암기한 내용을 발표하는 것은 힘든 일이다. 그래서 암기하려 하지 말고, 전체적인 콘텐츠를 이해하고 이해한 내용을 바탕으로 반복 연습을 하는 것이 필요하다.

다음으로 중요한 것은 위에도 기술한 것처럼 반복이다. 자신감을 얻기 위해서는 경험을 해보는 것이 가장 좋다. 힘들지만 입에 붙을 때까지 반복할 것을 초반에는 권하고 싶다. 그렇게 콘텐츠가 입에 붙을 때까지 반복하고 나면 실제 면접에서는 조금 더 편하게 끝낼 수 있다.

다음으로는 예상질문에 대한 답변을 준비해본다. 프레젠테이션 면접에서의 질문은 결코 편한 질문이 아니다. 따라서 면접관이 공격하듯 질문하고 싶은 부분을 예상질문으로 선택하라. 내가 만들기 힘들다면 친구에게 예상질문을 만들어달라고 부탁하는 것도 방법이다. 타인이 공격용 질문은 훨씬 더 잘 만든다.

공격용 질문일수록 공손하고, 부드러운 태도로 답변하는 것이 좋다. 방어적으로 답변하거나 공격적인 질문에 뾰족하게 답변하는 것이 득이 없다. 결국 프레젠테이션 면접은 평가를 위한 면접이기 때문에 면접관과 싸워 이길 필요는 없다. 내가 논리적으로 발표를 잘 하는 인재, 함께 일하기에 편안한 인재라는 것을 보여주고 평가받으면 된다.

그리고 마지막으로 부탁하고 싶은 것은 나처럼 면접 중간에 포기하면 안 된다는 것이다. 면접관으로 자리에 앉아 보니, 중간에 포기하는 면접자의 표정과 태도가 보이더라. 중간에 포기하는 면접자는 반드시 떨어질 수밖에 없다. 그래서 중간에 작은 실수가 있어도 멘탈 꽉 부여잡고, 끝까지 최선의 자세를 보이는 것이 오히려 좋은 점수를 받을 수 있다. 물론 멘탈을 관리하는 것이 얼마나 힘들겠는가? 하지만 끝까지 최선을 다하는 것이 프레젠테이션 면접의 자세이다. 그 이후 결과는 면접관이 선택하는 것이니 그 이후 최선을 다하긴 어렵겠지만 현장에서의 최선은 반드시 필요한 것이다.

최근 프레젠테이션 면접 주제는 발표력을 보기 위해서 너무 어렵지 않은 주제로 선택되는 경우가 많다. 콘텐츠가 어려워서 발표력이 가려지지 않기 위함이다. 프레젠테이션 면접은 다른 면접에 비해 초기 긴장도가 매우 높은 면접이다. 그러니 연습하고 또 연습하고, 포기하지 말고 끝까지 최선을 다하는 자세를 잊지 말자.

C-5. 기타 등등 면접

"결국 면접의 기본은 하나"

한때 음주 면접이 유행했던 적이 있었다. 회식 문화가 많던 우리나라 기업에서 도입한 지금 생각하면 술을 많이 먹어야 합격하는 면접인가? 라는 의문점이 드는 면접이었다. 그밖에도 등산 면접, 축구 면접, 야구 면접 등도 등장하여 조직에서의 협력을 강조하는 면접이 등장하기도 했다.

요리 면접, 보드게임 면접, 추론 면접, 코딩 면접 등 기업별로 직무별로 적합한 인재를 채용하기 위한 다양한 면접법이 등장하고 또 사라지기도 한다. 결국 좋은 인재를 채용하기 위한 인사팀의 노력이 다양한 면접법을 만들어 내는 듯하다.

하지만 결국 다양한 면접의 형식이 다를 뿐이지, 직무에 성과를 낼 수 있는 인재를 선발하기 위한, 조직에 잘 융화하는 팀워크를 갖춘 인재를 선발하고자 하는 기본 법칙에는 흔들림이 없을 것이다. 최근 인사담당자들은 요즘 젊은 이들이 "라떼와" 다르게 조직에 잘 적응하지 못한다는 말들을 한다. 세상이 변하고 그 세상 속의 젊은이들도 변한다. 또 그 변한 인재를 대상으로 채용하고자 하는 면접법도 변화할 것이다. 새로운 기타 등등 면접이 나타나고 사라질 것이다.

최근에는 AI 면접 준비로 상담을 요청하는 학생들이 늘고 있는 만큼 앞으로 또 어떤 새로운 면접 방법이 등장할지 기대되기도 한다. 그런데도 면접의 기본기는 세상이 변화해도 변하지 않을 것이라고 예측해본다.

그렇다면 AI 면접에 대해 한번 이야기해보자. 우리나라는 정기공채라는 개념이 유독 신입 구직자 채용에서는 강세였다. 최근 들어 대기업들이 하나둘씩 정기공채 대신 수시채용으로 신입을 채용하겠다고 선언하면서 정기공채 신화도 사라지고, 신입사원 동기 개념도 희미해지는 시대로 접어들었다. 이처럼 정기공채가 강세이던 시기에 평균 20대 1이 넘는 경쟁률을 보이는 기업들은 어떻게 사람을 뽑는가 보다, 어떻게 그 많은 지원자들을 공정하게 떨어뜨려야 하는가가 이슈였다. AI 면접도 그런 측면에서 나타난 어떻게 붙이는가에 초점을 맞춘 채용이라기도 보다, 어떻게 불합격시킬 것인가에 초점을 맞춘 채용이다.

그런 면에서는 언택트 채용이 활성화되면서 AI 면접이 활성화되었다기보다, 대기업처럼 특별히 채용시스템이나 맞춤형 인적성검사를 갖추지 못해서 인재를 거를 제도가 부족한 중견기업에서 더 많이 사용되는 경향성이 짙어졌다는 표현이 적합할 듯하다. 최근에는 공공기관에서도 AI 면접을 채택하며 대세 면접방식으로 자리 잡고 있다.

그런데도 AI 면접은 면접으로서의 기능을 제대로 하고 있는가에 대한 공격을 많이 받아서인지 AI 역량검사로 그 이름을 바꾸고, 현장에서 열심히 구직자들의 면접을 진행하고 있다. 그렇기 때문에 AI 면접 준비는 무엇보다 프로세스에 대한 이해가 중요하다고 보인다.

AI 면접은 환경 테스트, 기본 필수질문, 인성검사, 상황제시형 질문, AI 게임, 심층구조화 질문의 6단계로 구성되어 있다. 이 중 면접의 형태를 갖춘 단계는 기본필수질문, 상황제시형 질문, 심층구조화 질문으로 면접관이 질문하고 면접자가 답변하는 면접의 형식을 갖추고 있다.

반면 인성검사는 구직자의 기본인성을 확인하는 단계로 우리가 이제까지 지필로 봐왔던 인성검사를 온라인으로 보는 것으로 이해하면 쉬울 듯하다. 우리 회사에서 선호하는 인성을 갖춘 인재는 점수를 얻고, 비선호하는 인성을 갖춘 인재는 점수를 깎이는 방식을 통해 AI 면접의 부족한 부분을 보충하는 단계이다. 오프라인 인성검사와 동일하게 일관성과 솔직한 태도로 문제를 체크하는 것이 필요하다. 인성검사는 내가 억지로 꾸며서 점수를 얻을 수 없는 만큼, 합격하기 위해서 그런 사람인 것처럼 체크하지 말고, 나를 솔직히 보여주는 것이 좋다.

다음으로 AI 게임은 IQ 테스트처럼 도형 옮기기, 동전 크기 비교, 무게 비교, N 번째 이전 도형 맞추기, 분류코드 일치 여부 판단, 카드조합 패턴 확인, 사진을 보고 감정 판단 등으로 구성되어 있다. 정답이 있는 문제 맞추기이기 때문에, 사전에 문제 유형을 이해하고 문제풀이를 통해 문제에 익숙해질 필요가 있다.

남은 단계 중, 기본면접은 자기소개, 지원동기, 성격의 장점, 입사 후 포부 등 기존 면접에서 가장 많이 질문되었던 질문을 사이버 면접관에게 답변하는 방식이다. 따라서 미리 카메라를 보고, 사이버 면접관이 이해할 수 있도록 알아들을 수 있도록 또박또박 발음하는 것이 필요하겠다. 상황제시형 질문은 만약에 이런 경우라면 나는 어떻게 하겠다는 답변을 가능하면 논리적으로 구조화하여 답변하는 연습을 충분히 하기를 바란다.

이렇게 채용현장에 AI 면접관이 등장하고 인간은 AI의 평가를 받아야 하는 시기로 빠르게 변화하고 있는 만큼, 새로운 면접 스타일에 대해 무조건적으로 비판하기보다는 빠르게 적응하려는 노력이 더 필요하지 않을까 생각해본다.

D. 안성맞춤

D-1. 끝나도 끝난 게 아니다

"커리어에 끝은 없다. 오직 시작뿐이다"

고등학교 졸업을 하는 순간 대학교에 입학을 하는 것처럼 구직활동이 끝나는 순간 입사가 시작된다. 우리가 Career라고 부르는 경력은 우리의 삶(Life), 인생과 떼고 싶어도 뗄 수 없는 관계로 그렇게 동반자처럼 함께 한다. 그 속에는 기쁨도 있고, 고통도 있으며 시기와 질투, 혹은 좋은 동료와 유대감을 갖는 순간을 맞이하기도 할 것이다.

입사해서 오랫동안 다닐 것이라고 생각했던 그 회사에 사표를 내고 떠나는 순간도 다가올 것이고, 회사가 어려워져 문을 닫는 순간을 같이 해야 하는 순간도 다가올지 모른다. 불확실성이라는 키워드가 직장생활을 지배한 지 이미 오래되었다. 그래서 최근 직장인들은 이직과 전직에 대해 부정적이지 않다. 회사 입장에서도 너무 잦은 이직 말고는 부정적인 평가를 하는 경우도 예전에 비하면 미약해졌다.

내가 직업상담 업무를 시작하면서 2004년도에 만났던 여학생이 있다. 광고홍보학을 전공하고 그 학생이 꾸었던 꿈은 광고대행사는 빼고 취업하는 것이었다. 졸업한 선배들 중 광고대행사에 입사한 선배를 보면 너무 야근이 많고 고생을 하는 것 같아서 광고대행사 취업은 진로희망에서 빼고 싶단다.

그런 시작점에서 그 학생은 그 당시 막 불기 시작한 닷컴기업에 온라인 마케터로 취업을 했다. 도서를 인터넷으로 판매하는 회사였고 책 읽기가 취미였던 그에게 책이라는 대상을 마케팅한다는 일은 꽤 흥미 있는 일이었고 꽤 먼 출퇴근 거리도 잘 이겨내며 그렇게 2년을 근무했다. 2년 후, 그에게는 새로운 기회가 찾아왔다. 생활용품을 주로 판매하던 종합인터넷 쇼핑몰에서 도서까지 카테고리를 확대하며 스카우트 제의가 왔고 새로운 기회라고 여겨 성공적으로 이직을 했다. 회사 내에서 부서 이동을 하며 도서라는 아이템에서 식품군으로 마케팅 대상으로 확대하였다. 그 기업에서 다시 3년이라는 시간을 보내고, 온라인 쇼핑이 대세가 된 오프라인 유통기업에서 다시 스카우트 제의가 왔다.

외국계 대기업이라는 메리트, 꽤 큰 연봉 조건에 솔깃하여 직장을 다시 옮기게 되었다. 그리고 그 기업에서 빅데이터 마케팅 부서로 다시 한번 이동을 하여 새로운 마케팅 분야에 발을 담그게 된다.

그 이후로도 대기업 유통, 외국계 기업 등에 스카우트 제의를 받아 이동하며 마케팅 전문가로서 승승장구하고 있다. 학교를 졸업하고 나서 취업을 하고 나면 모든 것이 끝날 것처럼 기가 죽기도 하고, 세상을 다 가진 것처럼 의기양양하기도 하지만, 사실 이제 출발선에 서서 다시 마라톤을 시작하는 것이다.

그래서 10년 후, 그 분야의 전문가로 우뚝 서기도 하고, 아니면 여전히 취업포털에서 나를 뽑아줄 기업을 찾는 신세 그대로이기도 하다. 회사에 입사하고 나면 그 기업에서 퇴직까지를 기대하던 시기가 지난 지 너무나도 오래된 지금, 개인의 경력개발은 너무 중요하다.

외국계 기업의 마케터로 근무하는 내 지인은 2년에 한 번 꼴로 이직을 하며 연봉과 직급을 올리기도 하며, 경영학을 전공한 뒤, 컴퓨터공학으로 석사를 마치고, 빅데이터 전문가로 성장하는 이들이 보이는 시대이다. 따라서 취업보다 중요한 것이 취업 후 나의 경력관리이며, 어디로 갈 것인지 다시 점검이 필요한 시대이다.

경력관리에서 중요한 것이 있다. 나의 새로운 목표를 정하는 것이다. 취업 후, 다시 목표를 정하고, 그 목표를 이루기 위해 내가 해야 할 것을 계획하는 것이 중요하다. 그 간극을 줄이기 위해서 내가 얼마나 시간을 투자해야 하며, 어떤 것들을 보완해야 하며, 나의 현재 부족한 점은 무엇이며,

그 부족한 점은 극복이 가능한지, 극복할 수 없는지 등을 다시 면밀히 분석하는 시간이 필요하다. 정말로 우리의 경력은 끝없이 관리해야 하고, 계발해야 하는 것이다.

그런데 한편으로는 이 끝없는 계발에서 오는 기쁨도 있지 않은가? 첫 번째 취업으로 내가 결정되는 것이 아닌, 두 번째, 세 번째 기회가 있어서 새로운 도전이 가능하다는 것이 주는 비전에서 오는 기쁨 말이다.

구직자들에게 가끔 하는 말이 있다. 첫 번째 여름휴가 때, 신입 구직자 때 그런 것처럼 한 번 잡서치(Job Search)를 해보라고 말한다. 1년이 지난 지금 나는 2년 후, 3년 차 경력자가 되었을 때, 이직할 만한 기업이 있을지, 또한 3년 후, 이직을 위해 내가 지금 해야 할 것은 무엇이 있을지 보다 보면, 또 다른 희망이 샘솟는다. 아니면 현재 직장에서 정말 열심히 해야지 하는 생각이 들기도 한다.

그렇게 몇 년 지나고 나면, 헤드헌터에게서 연락이 와서 이력서를 보내달라고 하기도 한다. 왠지 모르게 시장에서 인정받는 것 같아서 이직에 성공하기도 전에 마음은 이미

콩닥콩닥 뛰기 시작한다. 앞으로 우리가 만나게 될 경력관리의 이야기들이다.

돈을 벌기 위해서 취업을 한다고 하더라도, 우리는 일을 하면서 일의 또 다른 의미들을 발견하게 된다. 성장의 기쁨을 발견하고, 사회에 공헌하는 나의 모습 속에서 보람을 느끼기도 한다. 그렇게 서서히 일의 기쁨에 녹아드는 것이 경력관리에 최종점이 아닐까란 생각을 해본다. 나는 과연 일을 통해 행복해질 수 있을까? 나 자신에게 물어보자.

D-2. 즉흥적인 연봉협상은 백전백패

"협상의 기본, Give & Take"

연봉협상의 계절이 다가오면 직장인들은 효과적인 협상 방법에 대해 나름 고민한다. 하지만 고민만 할 뿐 효과적인 방법으로 대처하지는 못하는 듯하다. 연봉협상은 사측과 노측이 가장 크게 갈등하는 지점이기 때문에 왜 내가 원하는 만큼의 연봉을 받아야 하는지 논리적인 설득이 무엇보다 필요하다.

따라서 연봉협상에서 반드시 질 수밖에 없는 몇 가지 태도를 소개한다. 먼저 연봉현상에서 개인적인 상황은 설득력을 갖기 어렵다. 예를 들면 "이제 결혼을 하게 되어, 아기가 다음 달에 태어나게 되어, 집주인이 전세금을 올려달라고 해서" 등의 이야기는 연봉을 올려야 하는 이유가 될 수 없다. 하지만, 실제 연봉협상 현장에 가면 개인적인 상황이 어려우니, 혹은 개인적으로 이런 상황이 되었으니 연봉을 더 올려야 한다고 주장하는 경우들이 많다. 거짓말 같은 이야기지만, 연봉협상 장소에서 많이 목격할 수 있다.

두 번째로 과거의 가치가 아닌 미래의 가치로 주장하지 말라. 연봉이 올라야 할 근거는 내가 이제까지 어떻게 일해 왔는가이다. 영업관리자로서 어떤 성과를 올렸는지, 연구개발자로서 나의 연구성과는 무엇인지가 연봉협상의 키워드이다. 하지만 "나는 앞으로 일을 더 해야 하므로, 이런 성과를 올릴 것으로 기대되므로, 연구를 더 열심히 할 것이기 때문에" 등의 사유는 연봉 인상의 근거가 되지 못한다. '앞으로'보다는 '이제까지'를 근거로 연봉협상에 임해야 한다.

세 번째로 가장 나쁜 연봉협상 태도이기는 하지만, 가장 빈번하게 발견되는 것은 "저는 아무개보다는 연봉을 더 많이 받아야겠어요. 제가 일도 더 많이 하고, 성과도 더 좋으니까 아무개보다 많이만 받으면 됩니다"라는 발언을 사실 연봉협상 자리에서 참 많이도 들었던 이야기다. 우리 사회에서는 아주 쉽게 타인의 연봉을 물어보는 경우가 많다.

그러다 보니 내 동료의 연봉도 회식 자리에서 혹은 커피 한잔을 하며 공개되기도 한다. 내 평가는 늘 나에게는 후하고, 남에게는 박하기 때문인지 내 동료의 연봉이 나보다 높은 것이 인정되기 힘들다. 그 결과, 연봉협상 자리에서 늘

나는 내 동료보다는 많이 받으면 된다는 연봉협상 태도가 자주 보인다. 하지만 누구보다 더 받는 연봉협상은 성공하기 쉽지 않다.

이렇게 연봉협상의 나쁜 태도를 알고 나면 연봉협상을 하는 방법이 쉽게 보인다. 먼저 나의 연봉협상 전날까지의 나의 성과를 잘 정리한다. 내가 이렇게 공헌했으니 연봉 상승이 필요하다고 주장한다. 또한 업계 평균연봉보다 내가 덜 받고 있다면 그 부분만큼의 상승이 필요하다는 논리도 필요하다. 우리 회사의 매출액 상승, 영업이익 상승에 대해서 정리하고 그 부분만큼 나의 연봉도 상승되어야 한다는 것을 이야기한다면 연봉협상의 성공이 눈에 보인다.

최근 연봉협상은 단체로 진행되기보다 개인 대 조직으로 진행되기 때문에 개인적인 성과 부분에 대하여 연봉 인상분으로 보상받아야 한다는 논리가 필요한 것이다.

연봉검색과 관련하여 도움을 받을 수 있는 사이트는 크레딧잡(www.kreditjob.com)이 유용하다. 신입직부터 연차별로 연봉이 잘 정리되어 있다.

그렇다면 신입직의 연봉협상은 어떠할까? 대부분 신입직의 경우 연봉협상을 하고 입사하는 경우는 드물다. 정해져 있는 연봉 테이블에 따라 입사하기 때문에 연봉협상이라기보다 내가 희망하는 연봉을 주는 기업인가 검색하는 것이 더 필요할 것이다. 이럴 때, 연봉 검색하기에도 크레딧잡이 정보의 양이 많아서 좋은 편이다.

게다가 연봉협상이 불가능한 신입직에게도 면접에서 이런 질문이 오고 간다. 희망연봉은 얼마인가요? 라는 질문 말이다. 이때는 연봉정보 사이트에서 내가 받게 될 연봉을 검색하고, 사이트에서 제시한 연봉만큼을 이야기하는 것이 가장 편하다. 현빈이 주연으로 개봉했던 영화 중에 역린이라는 영화가 있다. 역린은 이무기 몸에 거꾸로 난 비늘을 뜻하는 말이다. 이무기가 분노할 만큼 큰 약점이라고 한다. 즉 건들면 안 되는 것으로 해석하면 되겠다.

연봉은 직장인에게 역린 같은 것이라는 생각이 든다. 그래서 연봉협상 자리는 늘 건들면 안 되는 것을 건드려서인지 화가 나는 일들이 많다. 나는 성과라고 말했던 것을 사측에서는 성과가 아니라고 하고, 그래서 올려줄 수 없다는 논리를 펼친다. 나의 성과보다 약점을 중심으로 협상장에 나타나는 그것을 이유로 연봉협상이 난관이 빠지면 도장을 찍고 나오는 마음이 좋을 순 없다. 하지만 연봉협상은 매년 우리에게 다가오니 내년에는 더 좋은 위치에서 협상할 수 있도록 1년 농사를 잘 지어야 한다.

D-3. 면접은 출근까지다

"이제부터 시작이다"

연봉협상까지 훌륭히 마치고 드디어 첫 출근이다. 하지만 최근에는 경력직까지 인턴 기간 혹은 평가 기간을 거치고 최종 입사가 결정되는 경우가 상당히 많아졌다. 조직 입장에서는 좋은 인재를 선발하는 것이 매우 중요하지만, 그보다 더 중요한 것은 썩은 사과 같은 인재를 선발하지 않는 것이다. 그 때문에 인턴이라는 기간을 빌려 썩은 사과를 골라내야 한다. 이 기간에는 업무성과도 중요하지만, 조직을 바라보는 가치관, 타인과의 협력, 원만한 커뮤니케이션 역량 등을 평가하는 기간으로 활용된다. 반대로 보면, 구직자는 내가 입사한 기업을 평가할 수 있는 기간으로 활용할 수 있다. 내가 만족할 수 있는 기업인지, 기업문화는 잘 맞는지, 내가 목표로 하는 경력 성공을 이루는 데 도움이 될만한 기업인지 말이다. 이렇게 대략 3개월 정도가 지나고 나면 이제 양측에서 결정할 수 있는 운명의 시간이 다가온다. 마치 선보고 난 남녀가 서로에 대해 내 인생의 동반자로 선택할 것인지, 선택하지 않을 것인지 결정하는 시간처럼 긴장되는 시간이다.

회사에서 최종적으로 불합격했다는 통보를 받기도 하고, 합격했지만 내가 회사에 더 이상 계약을 연장하지 않겠다는 통보를 하기도 한다. 다시 구직활동이 시작된다. 어떤 이유로 계약이 성사되지 않았다고 해도 집으로 돌아오는 길이 씁쓸하기는 마찬가지일 것 같다.

그런 프로세스를 몇 차례 겪고 나서, 좀 더 오래 다닐 수 있는 기업을 찾아서 드디어 경력을 쌓을 수 있는 단계로 접어든다. 하지만 상시 구조조정시대이기도 하고, 직장인 입장에서는 상시 구직활동 시기이기도 하다. 출근하는 첫날부터 전직 준비하라는 말이 괜히 나온 말이 아닌 만큼 첫 출근날은 나의 새로운 구직활동의 시작이기도 하다.

이제부터는 나의 경력 쌓기가 시작된다. 다음 목표를 정하고, 회사 업무는 업무대로, 나의 경력계발은 계발대로 진행되어야 한다. 인맥을 쌓는 일도 보다 적극적으로 나서야 하고, 빠르게 변화하는 기술을 따라잡기 위해 주말은 투자의 시간으로 적극 활용한다. 직업훈련 기간에서 새로운 기술을 배우고, 외국어를 공부하며 자격증 공부에도 매진한다. 더 좋은 조건의 포지션이 보이면 지원하기도 하고, 헤드헌터의 스카우트 제의도 적극적으로 응해본다.

평생직업일 것 같던 내 직무보다 더 맞는 직무를 발견하고 커리어 전환에 도전해보기도 하고, 가슴 떨리는 승진의 순간을 맞아 여기저기 축하의 전화도 받아본다. 취업만 하면 모든 것이 끝날 것 같은 나의 구직활동은 출근을 해도 끝나지 않고, 직장생활이 5년이 지나도 끝나지 않는다. 아마도 은퇴를 해도 끝나지 않을 것이다. 그때는 누군가가 이런 말을 하겠지? 제2의 커리어가 시작되었습니다. 다시 준비하세요.

진로는 취업이 되고, 취업은 경력이 되어, 우리 인생과 함께 성장한다. 그러니 우리의 일은 우리가 즐길 수 있는 것이어야 하며, 최소한 너무 끔찍한 것이 되면 안 될 것 같다. 누군가의 면접을 통해 어느 회사에 입사하는 것처럼, 여러분은 스스로의 면접관이 되어 성공적인 내 인생에 나라는 인재를 입사시키고, 관리할 필요가 있는 것이다.

2부

면접을 담당하는 이들에게

A. 면접관의 가치

A-1. 누구를 면접관으로 뽑나?

"전 정말 일이 많고 늘 시간에 쫓기는 상황이에요. 그런데 최근 조직 내부면접관으로 참여하라고 통보를 받았어요. 3일 연속 온종일 참여해야 하고, 그 사이 내 업무를 누가 해결해 주는 것도 아니고, 결국 야근을 해야 하는데. 그렇다고 잘 뽑았다고 칭찬받기보다는, 이상한 사람 뽑아 놨다고 구박받지나 않을까 걱정되고, 왜 나를 면접관으로 추천한건지 모르겠어요. 내가 만만한가?"

— 조직의 비전, 나의 비전

A-2. 면접관이 얼굴이자 브랜드

"면접장에 들어가서 면접관으로서 해야 하는 것은, 뛰어난 사람을 잘 뽑아야 하는 거잖아요? 옆에 동료들이 면접 볼 때부터 전국 지사 중에 어디로 발령나던 갈 수 있는 사람을 뽑던가, 높은 업무 강도에 대해 경고해주고 오래요. 그래서, '야근할 수 있겠냐', '학습하는 것을 좋아하냐' 등을 물어보면서 간접적으로 업무 환경이나 지원자가 가져야 할 태도들을 인지할 수 있게 해요."

— 합격해도 가기 싫은 회사

'인재선발'이라는 의미는 사람이 기업의 최고의 자산이며, 조직의 성과 창출의 원천이 사람이라는 것에 기반한 것이다. 조직의 앞날을 맡기는 인재선발의 최종관문이 면접이라는 점에서 면접관의 역할은 조직의 앞날을 비춰주는 중요한 위치이다.

그런 의미에서 의사결정권을 부여한 면접관을 '만만한' 사람이나 '아무나' 선발하겠는가?

면접관은 우리 조직에 필요한 인재를 선발해야 하는 역할을 갖고 있음과 동시에 우리 조직에 대해 호감을 갖고 비전을 제시하는 곳이라는 매력을 느끼게 해줘야 하는 역할도 부여되어 있다.

나의 가치를 알아주고, 능력을 펼칠 수 있게 해주며, 사람을 귀하게 여기는 조직 문화를 보여줄 때 우수한 인재가 모이게 된다. 그렇다면 지원자들은 그런 정보를 어디에서 얻게 되는가?

재직자들의 정보공유 커뮤니티나 입소문, 주변의 추천을 통해 정보를 얻기도 하지만, 가장 직접적이고 강하게 와 닿은 것은 면접관을 통해서이기도 하다.

면접관이 어필하는 회사에 대한 정보를 통해 조직의 비전, 새롭게 도전할 수 있는 신사업, 조직원으로서 가질 수 있는 조직에 대한 자긍심 등을 느끼게 된다.

그렇다면 회사는 이런 조직의 강점이나 비전, 혁신을 꾀하고 있는 중장기 전략 등을 자연스럽게 표현할 수 있는 사람을 찾아야 한다.

조직에 대한 신뢰와 로열티를 갖고 있는 사람, 회사가 나아가야 할 방향을 정확히 인지하고 제시할 수 있는 사람, 어떤 성과를 만들어가야 하는지 그림을 그릴 수 있는 사람.

우리는 이들을 조직의 '핵심인재'라고 표현한다. 결국, 조직에서 올바른 면접관을 선발한다는 것은 조직 내 올바른 핵심인재를 선발했다는 의미이기도 하다.

지원자는 조직의 경쟁력과 업계 내에서의 위치, 향후 발전 가능성과 자신에게 제공될 기회 등을 고려하여 입사를 결정하게 된다는 점에서 면접관의 태도는 지원자에게 선택에 대한 안정감을 주는 것에 많은 영향을 미친다는 것이다.

때문에 조직은 향후 우리 조직을 이끌어 갈 핵심인재에게 면접관의 역할을 맡기는 것이 타당한 선택이며, 면접관으로 선발된 사람은 조직이 내게 기대한 것에 대해 긍정적인 신호라는 것을 인지해야 할 것이다.

또한, 내가 선발에서의 의사결정권을 가졌다는 역할과 책임을 인식해야 하는 동시에 내가 회사의 얼굴이나 브랜드라는 것을 놓치지 말아야 한다.

직무에 적합한 사람을 골라내겠다고, 지원자에게 무리한 압박을 주거나 무례한 태도로 자신이 얻고자 하는 정보만 캐면 된다는 식의 질문 태도는 지원자들로 하여금 '붙어도 안 간다'라는 불쾌감과 함께 회사에 대한 반감을 갖게 한다는 것을 알아야 한다.

이와 함께 간혹 무의미한 질문인 동시에 기업평가에 부정적일 수 있는 질문을 하는 면접관을 볼 경우가 있다.

"전국 어디로 발령나도 갈 거냐?"라든가 "야근을 해야 할 경우 어떻게 할 거냐?" 등을 질문하는 경우가 그중 하나이다.

이와 같은 질문에 지원자들은 무엇이라 답할 것인가? 답은 뻔하다. "아니요. 저는 꼭 집 근처로 발령 내주셔야 합니다"라고 하겠는가, "저는 9 to 6를 선호합니다. 야근은 힘들

것 같습니다"라고 하겠는가?

"No"라는 대답이 나올 수 없는 질문을 한 것이다. 왜 그런 질문을 하냐고 물으면, "해당 부서 동료가 꼭 물어봐 달라고 했다. 마음의 각오를 하고 올 수 있도록"이라거나 "본인이 할 수 있다고 대답했으니, 나중에 딴소리는 잘 못하겠지요. 사전에 입막음하는 거예요"라고 한다.

말도 안 되고, 아무 의미도, 어떤 강제성도 가질 수 없는 쓸데없는 시간 소모이자 부정적 감정만 생기게 하는 질문이다.

입사 후, 면접 때 "지방 갈 수 있다고 하지 않았냐, 야근도 걱정하지 말라고 하지 않았냐"라고 한다고 그게 압박을 줄 수 있을 것이라 생각하는 것이 큰 착각인 것이다.

구직자 커뮤니티에 들어가 '같은 질문'을 해보라.

변별력 없는 답변을 들으며 제한된 면접시간을 소비하고, 때로 구시대적이고 강압적인 업무 지시나 갑질할 조직이라는 입소문으로 조직의 이미지를 깎아내리는 실수를 저지르지 말아야 한다.

B. 면접관의 소양

B-1. 좋은 면접관

"면접관으로 참여 요청을 받게 되면, 채용공고문부터 확인합니다. 그리고 궁금한 부분을 적어보지요. 물론 담당자로부터 진행계획 안내를 받기도 하는데, 대외비로 사전에 공지해주지 않는 부분도 있더라고요. 그러면 면접 장소에 여유 있게 도착하도록 시간을 조정해둡니다."

— 준비된 지원자를 위한 준비된 면접관

B-2. 나쁜 면접관

"전 면접관 경력도 오래되었고, 평가 분야 전문가입니다. 바로 면접에 들어가서 지원자 얼굴만 봐도 당락을 예측할 수 있을 정도지요. 면접 운영을 해야 하는 담당자들 정신없는데, 괜히 저까지 일찍 가서 우왕좌왕하게 할 필요는 없어요."

— 지원자에 대한 예우는?

정확한 평가를 해야 하는 면접관이 가장 자신의 역할을 실패하게 되는 경우는 언제인가? 인재를 평가해야 하는 방식과 기준에 대해 정확히 이해하지 못하고 있을 때이다.

면접관은 채용하고자 하는 직무와 필요역량, 평가를 위한 면접 도구, 운영방식에 대한 정확한 이해를 갖고 있어야 한다. 향후 합격자가 담당해야 하는 업무의 주요 내용과 이를 수행할 수 있는 역량은 무엇인지가 파악되지 않은 상태로 무엇을 보고 판단하겠다는 것인가?

그런 의미에서 사전에 채용 분야에 대한 기초 정보를 갖고 있어야 하는 것은 선택이 아닌 필수이다. 먼저, 지원자들에게 공지되어있는 공고문에는 어떤 내용들이 담겨 있는지 파악해야 한다. 예를 들어, 면접 전형에 대해 다양한 면접 도구 중에 어떤 방식을 보게 될 것인지 공지되었는지 아닌지. 특히, 공공기관의 경우 정보공개 원칙이나 기관의 특성에 따라 공개범위가 정해져 지원자들에게 공지되고 있기 때문에 면접관도 당연히 그에 대한 확인을 해둬야 한다.

지원자들은 토론 면접과 문제 해결형 시뮬레이션 면접을 본다고 알고 왔는데, 새삼스레 지원자들이 모를 거라는 전제하에 진행하는 경우가 있다. 당연히 불성실한 면접관의 모습으로 신뢰가 떨어지게 된다.

좋은 소양을 가진 면접관의 기본적인 자세는 사전 정보 습득이다. 운영방식과 시간을 파악하여 질문과 답변의 시간을 계산하고, 직무에 대한 정확한 이해를 바탕으로 역량을 파악할 수 있는 질문과 평가 기준을 적용할 수 있게 되는 것이다.

그렇다면 면접관으로서 우려가 되는 면접관은 누구일까?

자만하고 있는 면접관이다. 과거 경험했던 것이 현재도 적용될 수 있다는 착각과 나는 노련한 전문가이기 때문에 나의 평가실력을 믿는다는 과신은 채용의 오류를 일으킨다.

같은 조직, 같은 직무라 해도 조직 개편에 의해 요구되는 업무 범위가 달라지기도 하고, 경력 채용인가 신입 채용인가에 따라서 수행능력의 평가 기준도 같을 수 없다.

또한, 조직 내 최근 이슈나 채용의 정책 방향이 바뀌는 경우도 비일비재하다. 가장 쉬운 예로, 최근 공공기관의 블라인드 채용이 강화되면서 운영방식에도 많은 변화가 있는데 유의해야 할 사항을 간과하면 공정채용에 대한 신뢰가 떨어지고, 컴플레인이 발생하기도 한다.

면접관은 조직과 직무에 가장 '적합'한 인재를 선발하는 것이다. 당연히 조직이 원하는 직무를 파악하고, 그에 부합한 지원자인지 입사지원서 등을 통해 확인한 부분과 확인해야 할 부분을 파악하고 질문을 통해 정확히 판단해야 하는 것이다.

점검해야 할 항목에서 빠진 질문은 무엇일까?

빠진 이유는?

질문에서 빠진 부분이 있을 때 선발의 오류는?

'장님 코끼리 만지듯이' 일부분만 파악하고 잘못된 평가가 이뤄지게 되는 것이다.

이런 경우, 인재선발의 결정 권한을 가진 면접관으로서 직무를 유기하고 긴 시간 준비한 지원자에 대해 공정하고 정확한 평가를 못한 것이기에 나쁜 면접관이다.

긴장한 지원자보다 더 허둥대는 면접관, 답변할 준비가

되어있는 준비자에게 질문할 준비가 되어있지 않는 면접관. 그런 면접관에게 믿고 맡긴 조직에게도 무책임한 면접관인 것이다.

C. 면접준비 태도

C-1. 준비해야 할 것

"전 면접 볼 때, 이력서를 안 봅니다. 이력서는 서류전형에서 벌써 검토하고 통과된 지원자들인데 굳이 봐야 할 필요가 있을까요? 특히, 신입은 이력서가 다 거기서 거기라, 뭘 보고 확인하고 할 것도 없는 것 같더라고요. 전 공정성을 위해 모든 지원자들에게 같은 질문만 해요."

— 추측

C-2. 알아야 할 것

"채용 공정성을 위해서라고 요즘은 이력서를 면접장에서 처음 보는데, 뭘 읽고 뭘 질문해야 하는지 신입직원하고 경력직원과도 봐야 할 것이 다를 것 같은데, 허둥지둥하다 적합한 질문도 확인도 못한 것 같아요. 그러다 보니, 간혹 이력서는 화려한데, 뽑아 놓고 보면 저 실력으로 무슨 성과를 냈던 건지 의아한 직원들이 있어요."

— 팩트

"이력서를 면접장에서 처음 보는데, 뭘 읽고 뭘 질문해야 하는지… 허둥지둥하다 적합한 질문도 확인도 못한 것 같아요."

이력서 검토는 채용 직무와의 적합도와 경쟁력 등을 파악하고, 역량 중심 면접평가를 위해 중요한 과정이다. 이력서를 기반하여 차별화된 지원자의 역량을 평가할 수 있기 때문이다. 지원자들의 이력 사항 정보에서 지원자의 특징과 경쟁력을 파악할 수도 있고, 수행과정에서 발휘된 역량을 파악하기 위한 심층 질문도 이력서의 정보를 바탕으로 이뤄질 수 있다는 점에서 중요성을 간과해서는 안 될 영역이다.

그러나 최근 공정채용에 대한 이슈가 더욱 강조되면서, 평가자에게 지원자의 이력서를 사전에 제공하지 않고 있는 경우가 많다. 면접 당일 면접장에서 빠르게 파악해야 하는 것이다. 여기서 실수하지 말아야 할 것은, 면접관은 서류평가자가 아니다. 서류평가는 먼저 진행이 되었고, 경력이나 자격, 학력 등 객관적 검증자료 또한 인사담당자가 확인단계를 거친다. 면접 전 빠듯한 시간 내에 평가 기준과 확인해야 할 사항을 착각하지 말고 활용해야 한다는 의미다.

효율적인 이력서 검토를 위해 첫째, 채용 직무의 R&R(직무 설명자료)을 숙지해야 한다. 또한 해당 역량을 파악할 수 있는 영역이 경력 부분인지, 자격인지 등 이력서 항목과 매칭할 수 있어야 한다.

둘째, 지원자의 교육 이수 특징이나 경력상의 고용 간격과 이직 패턴, 경험상 직무와 관련하여 확인해야 할 부분 등을 파악해야 한다. 해당되는 부분의 확인이 필요한 부분을 체크하고 질문으로 표시해 놔야 한다.

이력서에 직접 표시, 메모지 활용, 평가항목표에 확인필요 영역 체크 등 면접장에 제공된 환경에 따라 면접관 나름의 규칙으로 활용할 수 있다.

셋째, 다수의 면접관이 배석하여 평가영역을 배분하는 경우, 본인이 맡은 평가영역에 해당하는 부분을 놓치지 않도록 집중한다. 다른 평가영역에서 확인이 필요하다고 보이는 항목은 담당 면접관에게 언질을 주던가, 주요 질문 이후 추가 질문으로 확인하는 것도 필요하다.

이력서 항목에서의 특이사항 등을 제한된 시간에 모두 파악하기 어려운 경우, 지원자에게 자신의 이력 사항을 1분 스피치로 표현하도록 자기소개 시간을 둘 수도 있다. 또한, 이력서 검토 및 질문 담당을 면접관 중에서 가장 숙련된 면접관에게 역할을 맡겨 오류를 최소화하는 것도 방법이다.

조직 내 융화나 협업 능력, 잦은 퇴직 등 직업관에 대한 자세, 경험의 차별성 등 중요 이슈가 될 수 있는 부분이 놓쳐진 상태로 평가가 이뤄지지 않도록 해야 한다.

타인의 성과를 자신의 것으로 드러내거나, 무책임한 퇴직자, 조직의 팀워크를 저해하는 자세를 가진 똑똑한 트러블메이커를 뽑아야 하는가?

D. 평가 역량

D-1. 봐야 할 것

"면접평가표에 해당하는 질문을 하려고 보면, 입사지원서 중 자기소개서 질문항목과 동일해서 지원자들이 공들여 쓴 내용들이 있더라고요. 굳이 같은 질문을 해야 하나 싶기도 하고, 오랜 시간 수정을 거치며 작성해서 인지, 완벽해 보이는 내용들이 많더라고요. 제가 뭘 확인해야 할까요?"

— 이력서가 보여주고 있는 것과 숨긴 것

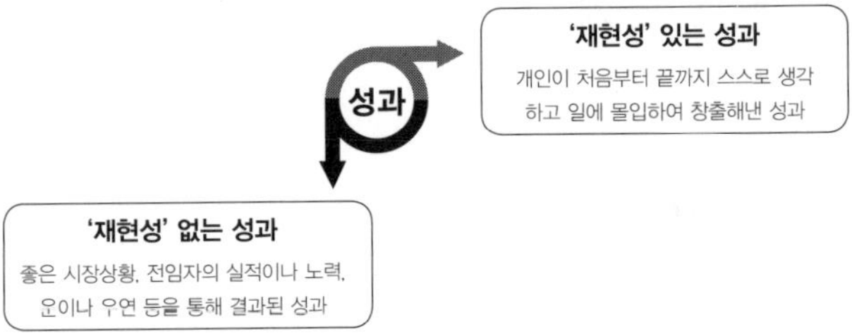

"재현성 있는 과거의 성과는 미래의 성과를 예측한다"

'다음에도 또 그러한 성과를 낼 수 있지 않을까?', '상황이 바뀌어도 응용이 가능하지 않을까?' 라는 것 등이 높은 확률로 예측될 수 있음

D-2. 관여하지 말아야할 것

"요즘은 외동들이 많아져서, 조직에 적응하는 역량들이 많이 떨어진 것 같아요. 위아래도 모르고, 주위를 돌아보려는 노력도 없고, 특히, 외동들이 그렇더라고요. 제 경험에 비춰보면. 그래서 전 형제가 어떻게 되냐고 물어봐요."

— 무엇을 얻었나

입사지원서는 지원자들의 마케팅 도구이다. 상품을 광고할 때, 생산자가 "우리 제품은 내구성이 부족합니다. 경쟁사 제품보다 가성비가 떨어집니다"라고 표현하지 않는다.

당연히 오래 준비한 지원자일수록, 노련한 경력자일수록 자신의 단점을 나타내기보다 장점을 부각시킨 내용으로 이력서를 완성시킨다. 때문에 면접관은 서류전형에서 파악할 수 없었던 부분을 확인하여 진실성 여부와 향후 재현될 수 있는 구체적인 역량 등을 확인하여야 한다.

입사지원서의 정량적 평가요소인 교육 기간과 경험 · 경력 기간, 자격증 취득이나 포상 내역 등에서도 확인해야 할 것들이 있다.

예를 들어, 다른 사람들과 달리 하루 48시간을 사는 사람이 아니라면 거의 불가능해 보이는 기록을 갖고 있는 경우도 간혹 볼 수 있다. 동일 기간 내에 동시다발로 대외활동을 하고, 연구성과나 공모전 성과 등 결과물이 일반적 수준보다 확연히 많은 지원자를 찾았을 수 있다. 그렇다면 우리는 무엇을 확인해봐야 할까?

각 영역에 투입한 지원자의 시간과 노력 여부를 확인하

거나, 각 영역에서 본인이 수행한 역할 범위를 구체적으로 확인하여 거짓 정보와 신뢰성을 파악할 필요가 있다.

때로 성과를 낼 수 있는 팀을 골라내는 안목만 잘 발달하여, 해당 팀이나 조직에 소속되어 결과물만 공유하는 경우를 찾을 수 있을 것이다. 소위 '무임승차(free rider)'의 유형을 말할 수 있다.

이런 지원자를 걸러내지 않고, 뛰어난 능력을 소유한 인재라고 평가하고 합격시킨다면 우리는 골치 아픈 상황에 처하게 될 것이다. 일은 안 하고 입만 살아있는 동료와 생활하는 고통을 느낄 테니까 말이다.

조직 내 고성과자와 저성과자의 특성을 파악해 보면, 예측되는 접점을 찾을 수 있을 것이다. 내가 한 것은 불명확하고, 우리의 성과만 나타나는 지원자를 주의하라.

또 다른 예로, 이력서의 경력 사항을 보면 이직 기간이 유난히 짧거나 퇴직과 입사일이 하루 이틀 상간에 이뤄진 기록을 보게 되기도 한다. 반대로 경력 사이의 공백이 너무 긴

대명사	1인칭 대명사 단수	나, 나를, 나의	고성과자가 70% 더 많이 사용
	1인칭 대명사 복수	1인칭 대명사 복수	저성과자가 30% 더 많이 사용
	2인칭 대명사	당신, 당신의	저성과자가 40% 더 많이 사용
	3인칭 대명사	그는, 그녀는, 그들은	저성과자가 40% 더 많이 사용
	중성 대명사	그것, 그 자체로	저성과자가 70% 더 많이 사용
동사 시제	과거시제	고성과자가 40% 더 많이 사용	
	현재시제	저성과자가 120% 더 많이 사용	
	미래시제	저성과자가 70% 더 많이 사용	
감정	긍정적 감정	기쁜, 신나는, 설레는, 칭찬 등	고성과자가 25% 더 많이 사용
	부정적 감정	화난, 걱정스러운, 초조한, 회인적인 등	저성과자가 90% 더 많이 사용

경우도 있다. 우리가 이런 행간을 확인하지 않고 넘어가면 선입견으로 판단의 오류에 빠지게 될 위험이 많다.

"잦은 이직을 한 것 보니, 조직 내 문제를 많이 일으키는 사람인가 봐", "퇴직과 이직 시기가 거의 한날한시에 이뤄진 것 보니까 능력이 좋은가 봐. 아니면 인수인계는 무책임하게 처리하고 자기 잇속만 챙긴 사람인가?", "경력 공백이 긴 것 보니, 생활력도 근성도 볼 게 없을 것 같군."

어떻게 장담할 수 있을까? 확인해 보지도 않고.

실제 기업이 합병되거나 계열사간 구조조정에 의해 실제 근속기간은 길지만, 소속변경이 여러 차례 된 경우도 있고, 폐업하는 조직의 자산매각 등의 후처리를 맡느라 자신의 이직은 뒷전으로 밀려난 책임감 있는 담당자도 있었다.

그 담당자의 경영책임자에게 "다들 배를 버리고 떠날 때, 가라앉을 때까지 책임지기 위해 애써준 감사한 직원이다. 회사가 회생하고 정상화된다면 제일 먼저 스카우트해야 할 대상이다. 가장 고맙고 미안한 직원이었다"라는 추천 의사를 전달받은 적도 있다.

문장의 행간에는 많은 의미들을 내포하고 있다. 면접관은 이런 행간에서 가식적이고 가공된 이미지와 진실을 파악할 수 있는 질문을 해야 한다.

그러기 위해 먼저 선행될 것은 지원자의 정보에 대한 파악부터다.

반대로 자신의 선입견과 편견이 경험에서 축적된 판단능력이라고 착각하는 것은 철저히 배제하여야 한다.

'천재는 악필이 많지만, 악필이 다 천재는 아니다.' 면접관 개인의 경험에서 쌓인 데이터는 지극히 제한적이고, 유의미한 평균치가 나오기에 부족하다는 것을 인지해야 한다는 것이다.

종교, 성별, 학벌, 출신 지역 등 절대 하나의 잣대로 한 묶음이 될 수 없는 것을 묶어 평가해버리는 실수는 범하지 말아야 한다.

이는 조직을 위한 인재선발에도 실패하는 것이고, 성장가능성을 가진 조직이 될 수 없다고 대내외적으로 알리는 것밖에 되지 않는다.

특히, 지원자가 이런 편견을 인지하게 된다면, 외부적으로 우리 조직의 브랜드 평판과 신뢰도 깨져버리는 사태가 벌어질 것이다.

정확한 판단을 저해하고 채용의 공정성을 위배하는 사례는 지양해야 한다.

채용의 공정성을 위배하는 사례

구분	채용공고	서류전형	면접전형
성별	지원자격을 특정 성별로 제한	성별에 따라 다른 양식, 기재항목, 구비서류 요구	성별에 따라 질문을 달리하거나, 별도의 질문 시간을 할애
연령	지원자격을 일정 연령 이하 또는 이상으로 제한	연령을 식별할 수 있는 정보(입학년도, 졸업년도 등)를 요구	연령을 묻거나, 연령에 대해 부정적으로 언급
신체조건	지원자격을 직무 관련성이 없음에도 신장, 몸무게 등의 신체조건을 이유로 제한	사진 부착을 요구하거나 직무에 필수적인 조건이 아님에도 신장, 몸무게 등 신체조건을 요구	용모 및 신체조건에 대해 질문
학력 · 출신학교	지원자격을 특정 학력 이상 또는 이하로 제한	직무에 필수적인 조건이 아님에도 입사지원서에 학력, 출신학교 등을 기재하도록 요구	직무에 필수적인 조건이 아님에도 학력, 출신학교 등을 질문하는 경우

혼인 · 임신	지원자격을 결혼여부 등을 이유로 제한	결혼여부, 자녀유무, 임신여부 등의 개인정보를 요구하는 경우	결혼여부, 임신여부 등을 질문하는 경우
가족관계	-	가족관련 사항을 요구	가족사항 등을 질문하는 경우
기타	-	-	직무와 무관한 사생활 관련 질문

E. 면접운영 자세

E-1. 상사 마인드

"면접은 우리 회사의 인재를 찾아내는 막중한 자리잖아요. 면접관은 냉정한 자세를 가져야 한다고 생각해요. 때문에 날카로운 질문도 하고, 때로는 압박을 주는 질문과 그에 상응하는 답변을 요구해야 면접관의 역할을 하는 것 아닌가요? 그런데, 취업 후기에 부정적인 글을 올린 지원자의 내용을 보니, 면접에서 불쾌했다고 쓰여 있더라고요. 같이 들어갔던 면접관들이 내가 원인이라고 농담을 하는데, 농담으로만 치부할 수 없을 것 같고, 제가 잘못한 걸까요?"

— 존중이 배제된 위험

E-2. 부모 마인드

> "면접장에서 잘하고 싶어서 온몸이 긴장되어 있고, 입술을 바르르 떨고 있는 지원자의 모습을 보면 마음이 짠해져요. 특히나, 긴장해서 질문에 제대로 답변은 못하고 눈물이 그렁그렁한 지원자를 보면 내가 어쩔 줄을 모르겠어요. 때론 내 자식 같아서 평가가 너무 힘들어요."
>
> — 역할이 배제된 위험

"지원자들을 보면 안쓰럽고, 때론 내 자식 같아서 평가가 너무 힘들어요." 지원자들의 바싹 마른 입술이나 흔들리는 동공과 마주칠 때면 지원자들의 절실함이 느껴진다. 특히, 면접관은 조직 내 관리자 위치에 있는 경우가 대부분이라 연령에 따라 자식처럼 보이는 상황도 자주 발생한다. 그럴 때마다, 면접관의 공감 능력이 평가에 어려움을 준다.

"저 어려운 시험을 통과하기 위해 고시원 생활도 불사했을 텐데. 보기에 취업준비를 몇 년 한 것 같은데, 얼마나 힘들었을까? 여기서 탈락하면 얼마나 상심하고, 집에서 부모

님도 걱정할 텐데. 아이고, 내 자식도 지금 면접 준비 중인데. 남 일 같지 않네."

기타 등등의 생각이 몰아친다. 어려운 상황이다.

예를 들어, 지원자가 이력 사항 등 제공된 정보 내에서 노력한 면모는 분명히 보이는데, 긴장으로 인해 도저히 답변을 못 하거나 울먹이는 상황이 벌어지는 경우가 있다. 누가 봐도 절실함이 넘쳐 감정이 폭발했구나 하고 이해가 되는 상황이다. 이럴 때 면접관은 어떻게 해야 할 것인가?

부모의 마음으로 본다면, 붙잡고 위로하고 싶고 때로 같이 울컥해지기도 한다.

그러나 상사로서 본다면 어떤 상황을 예측할 수 있을까? '악성 민원을 접할 경우, 저 지원자는 어떤 태도를 보일까?', '편안한 환경이 아닐 경우, 어떤 태도로 상황에 대응할까?' '난도가 올라가는 업무나, 문제를 직면하고 대처해야 할 때는?'

우려되는 상황에 대해서 리스크를 줄이고, 대응력을 갖춘 사람을 필요로 하는 것이 조직이다.

때문에 채용은 측은지심(惻隱之心)으로 결정할 수 없다. 그 결과의 책임은 누가 질 것인가?

면접관은 조직의 성장을 이끌어갈 수 있는 '인재'를 선발해야 하는 최종관문에서 평가를 맡고 있다는 것을 잊지 말아야 한다.

우리 조직의 신규 인재라면 어떤 사람이 적합한가? 성과를 창출할 수 있는 역량이 보이는가? 과거 경험이 우리 조직에서도 재현 가능한 것인가?

잊지말아야 할 것은 면접관은 경영인이자, 상사, 동료로서 시각을 갖고 평가해야 하는 대행자라는 것이다.

그렇다고 냉정한 태도로 지원자를 대하는 것은, "저 회사는 사람 대하는 태도가 왜 저래?"라던가 "내가 맘에 안 드나? 탈락의 시그널을 주고 있는 건가? 제대로 묻지도 않고 평가가 끝나버렸군. 누구 내정한 사람이 있나?"와 같이 지원자로 하여금 조직이 인재를 대하는 태도나 평가에 대해 부정적인 감정이나 오해를 갖게 될 수 있다.

'면접관의 운영 태도와 평가 역량'을 혼동하지 말아야 한다.

면접을 진행하면서 지원자에 대한 존중과 배려가 필요한 태도에는 부모의 마음을 갖고 따뜻함을 보여줄 필요가 있다. 초기 긴장을 풀어주거나, 질문에 당황하여 답변이 막혀 있을 때 여유로운 태도로 기다려 주는 자세 등을 말한다.

그러나 평가는 상사의 마인드(mind)를 잃지 말아야 한다. 조직의 비전을 실현시키고, 성장에 긍정적인 역할을 할 수 있는 인재가 필요해 선발 과정이 진행되고 있는 것이다.

특히, 측은한 마음으로 인해 다른 지원자의 노력을 간과하는 것은 공정하지도, 올바르지도 않은 채용이 된다.

다른 지원자라고 긴장되지 않고, 절실하지 않고, 노력하지 않고 그 자리까지 와 있겠는가?

안타까운 그 지원자는 자신의 멘탈을 다잡고, 다시 준비해서 재도전에 성공할 때 토닥여줄 수 있는 인연을 기대하자.

결론은, 긴장을 풀어줄 때, 안정감을 느끼고 자신의 의견을 피력할 수 있도록 분위기를 조성해 줄 때, 지원자로서 노력과 조직에 대한 관심에 감사의 마인드를 전할 때 부모의 마인드를 갖고 있는 것은 인재를 소중히 여기는 조직이라는 기억으로 남을 것이다.

평가는 차가운 머리로 일관된 기준을 적용하여 평가해야 함을 기억해야 한다.

F. 면접관의 한계

F-1. 책임져야 할 것

"면접시간은 빠듯하고 지원자들은 오랜 시간 준비하고 면접을 대비해서 무슨 질문을 해도 답변이 술술 나오는데, 회사에서는 운영도 공정하게 잘 하라고 하지, 동료들은 이상한 사람 뽑지 말라고 압박을 주지, 인사팀에서는 지원자들에게 좋은 이미지를 주라고 하지. 지원자들에게 공평한 시간 배분이 안 되어도 압박이 가해지지. 면접관에게 짧은 시간에 너무 많은 걸 요구하는 것 아닌가요? 가뜩이나 최종 합격자를 선정해야 할 때 의사결정을 하기가 너무 머리가 아픈데 말이죠."

— 공정, 정확, 원활

F-2. 불가항력인 것

"최종 면접에 들어가면 늘 우리가 요구하는 역량에 충분한 자질을 갖고 있는 지원자들이 대부분이에요. 그래서 불합격이 될 만한 지원자를 골라내는 것보다 합격자를 최종결정하는 것이 너무 어렵습니다. 면접이 끝난 후에도 늘 '내가 평가자로서 역량이 부족한 것은 아닌가'라는 생각도 들고 찜찜한 마음이 드는 것은 어쩔 수가 없네요. 면접 과정의 운영을 아무리 잘해도 결국은 의사결정을 잘하는 면접관이 필요한 것 아닌가요?"

— 아까운 탈락자가 없는 면접은 없다

"우리가 선발해야 할 인원수가 정해져 있다 보니, 너무 아까운 인재를 내가 떨어뜨렸어요. 그럴 때마다 내가 너무 무능력한 것 같고, 누군가 인생의 중요한 기회를 박탈한 것 같아 괴로워요."

면접은 채용 규모와 신규 · 경력 채용 여부에 따라 차이가 있지만, 보통 채용계획 인원 대비 2배수에서 5배수가량의 지원자를 평가하게 된다.

최소 1단계에서 2~3단계를 거쳐 면접에 들어온 지원자들은 직무에서 요구되는 업무수행 역량을 갖추었는지에 대한 평가 기준을 넘어선 경우다. 당연히 우수 인재들 중에서 최종 선발을 해야 하는 상황이라는 의미다.

그렇다면 면접관의 책임과 한계는 무엇일까? 면접관은 지원자의 성과창출 가능성과 조직 적합도 등의 기준에 따라 합격 여부를 결정하게 되는데, 합격시켜야 할 지원자를 선발하거나, 불합격시켜야 할 지원자를 탈락시킨 경우는 면접관의 역할을 제대로 수행했다고 평가한다.

면접관의 오류로 평가되는 영역은 불합격시켜야 할 지원자를 합격시킨 경우다. 첫인상이 좋아서, 경력이 많아서, 전 직장의 규모 등 백그라운드(Background)가 훌륭해서, 내 경험에 비춰볼 때 좋은 동료의 범주에 들어가는 유형이라서 등등으로 지원자 개인의 객관적 역량을 간과하거나 태도에 대한 중요성을 주관적으로 평가해버린 경우에 벌어지는 결과다.

이런 경우, "저 친구 누가 뽑았어?"라는 쓴소리를 한 번쯤 듣게 될 것이다.

그렇다면 나머지 한가지, 합격시켜야 할 지원자지만 탈락시키는 경우는 어떠한가? 객관적인 평가 기준에 따라 의사결정을 했다는 전제하에 이와 같은 경우를 '면접관의 불가항력적 한계'라 할 수 있다.

배수의 지원자들 중에 명확하게 상위평가를 받는 합격자와 하위평가를 받는 불합격자는 고민의 시간이 줄지만, "A 지원자도, B 지원자도 다 괜찮네"라는 경계선에 있는 지원자들이 늘 존재한다.

채용인원에 대한 자율성을 일부라도 갖고 있는 조직은 추가 채용으로도 아까운 인재를 놓치지 않는 인재확보 전략을 쓸 수 있지만, 대다수의 조직은 채용계획에 맞춰 선발이 이뤄져야 한다.

면접관의 역할에 한계가 존재하는 이유다. 때문에 모든 면접관은 아까운 지원자임에도 탈락시켜야 하는 입장에 처해있다는 것이다. 모호한 평가 기준으로 채용 후 탈락자에 대한 아쉬움을 갖지 않도록 평가 기준을 체계화해야 한다는 의제는 가질 수 있으나, 이런 현상이 아예 없기를 바라는 것은 불가능하다.

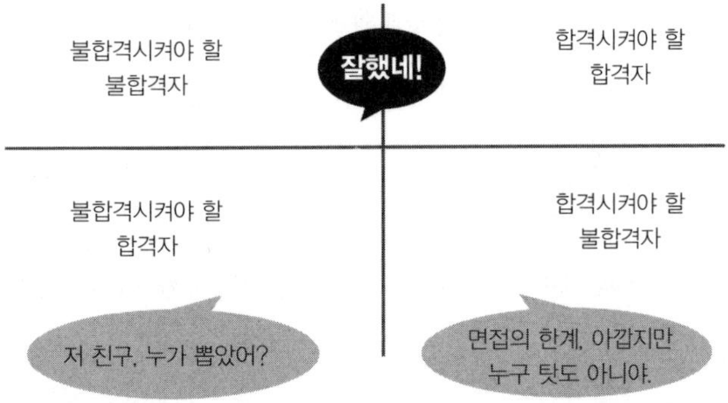

면접현장에서 늘 이뤄지는 상황이라는 것을 명확히 인지하는 것이 필요하다.

그렇다면, 면접관은 어떻게 의사결정을 해야 하는가?

첫째, 객관적인 기준이 지원자에 따라 주관이 개입되었는지 점검하여 평가해야 한다. 특히, 이 과정에서 개인의 경험으로 편견이 개입된 의사결정을 하기 쉬우므로 주의해야 한다.

둘째, 합격한 지원자가 우리 조직에만 지원했을 것이라고 착각하지 말자. 개인 사정이나 복수 합격에서의 의사결정 등으로 예비합격자로 대체될 수 있다는 것이다. 때문에 불합격라도 끝까지 평가에 집중도와 책임의식을 놓치지 말고 적합한 예비합격자를 선정해야 함을 잊지 말아야 한다.

마지막으로, 어떠한 지원자라도 다시 우리 조직에 도전하고 싶은 마음을 갖도록 존중과 배려의 자세와 지원에 대한 감사의 인사를 전달할 필요가 있다. 그러나, 안타까운 지원자에게 조언이라고 생각해서, "참 아까운 지원자인데, 다음 기회라도 꼭 또 지원해주세요" 등 합 · 불합격을 예측할 수 있는 발언은 위험하다. 때문에 모든 지원자에게 같은 태도를 유지하는 것이 중요하다.

오해받지 않도록 말을 아끼고 모두에게 쌀쌀맞은 태도를

보이라는 것이 아니라, 모든 지원자에게 충분히 고민할 만큼 중요한 인재라는 인상을 받을 수 있는 자세가 필요하다는 의미다.

G. 면접운영 능력

G-1. 반드시 지켜야 할 것

"늘 면접을 보면 시간은 부족하고, 지원자들에게 파악해야 할 것은 많고, 마음만 급해지는 경우가 많아요. 그러다 보니, 면접시간을 지키기도 어려워서 채용담당자들의 시간 독촉을 받기도 하고요. 지원자가 다 다른 데, 어떻게 똑같은 시간으로 진행될 수 있고, 같은 질문을 해요. 궁금한 것을 묻다 보면 평가표와 다른 영역을 파악하고 있기도 해요. 그래도 제 생각에는 중요한 부분이었다고 보는데요."

— 선 필수, 후 선택의 질문 범위

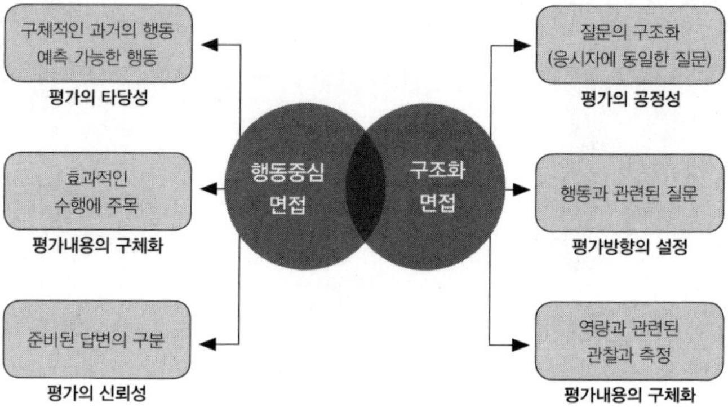

G-2. 케이스 바이 케이스(Case by Case)

"경력직 채용을 하다 보면, 평가지표 외에도 파악해야 할 것들이 많아요. 소위 직무와 조직의 적합도라고 하지요.

아무리 능력이 있어도 우리 조직과 맞지 않는 경우도 많고, 지원자 개별 특성 있는 경력자라 고민이 됩니다.

이럴 때는 어떤 걸 우선순위로 두고 질문을 해야 할까요?"

— 배점 비중과 항목에서 답을 찾자

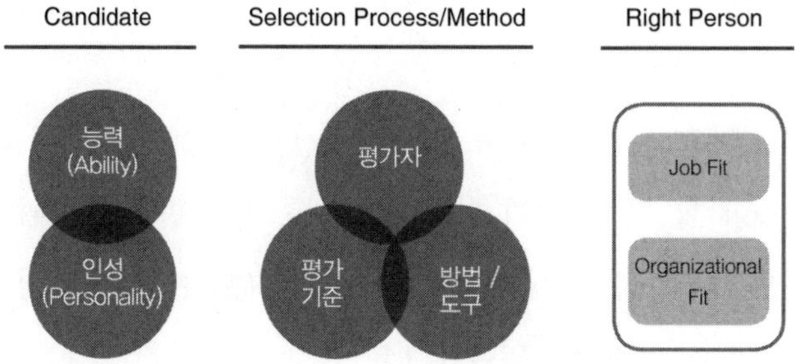

면접은 최종적으로 우리 조직에 필요한 인재를 선발해야 하는 관문이다. 앞서 채용설계에 따라, 서류 또는 서류와 필기 전형을 거쳐 오는 경우이고, 면접위원의 역할 분배에 따라 평가영역이 달라지기도 한다.

예를 들어, 1차 실무 면접인지 2차 최종 면접인지로 나뉘거나, 토론, 발표, 상황, 역량 면접 등 평가 도구별로 역할이 나뉘어지기도 한다. 당연히 본인이 맡은 역할에 대한 정확한 이해가 먼저 필요한 시점이다.

이를 바탕으로 평가가 이뤄져야 하는데, 그다음으로 파악할 수 있는 우선순위와 비중은 자신이 맡은 면접의 평가표로 판단할 수 있다.

평가 도구가 분리되어 있는 경우, 당연히 해당 영역별 파악해야 할 평가요소가 나뉘어져 있고 이를 판단하기 위한 질문이나 과제가 제시된다. 때문에 면접위원은 자신의 역할을 반드시 인지하고 있어야 한다.

때로 본인이 평가해야 할 영역을 놓치는 경우를 보게 되는데, 이는 전형방식을 숙지하지 못한 상황에서 주로 벌어진다. 또는 설계된 평가계획과 별개로 자신이 묻고 싶은 것만 묻는 '마이웨이(my way)'형 면접위원일 경우이다.

평가표의 배점표를 보면 만점대비 배점 비중을 알 수 있다. 이를 기준으로 평가 요소와 비중을 판단해야 할 것이다. 또한 운영의 묘를 살려야 할 경우가 있는데, 한정된 시간으로 공정한 기회제공이라는 취지로 인당 배정 시간을 지켜야 할 때이다.

이 경우, 시간 운영도 면접관의 책임이기 때문에 평가와 시간 관리가 병행되어야 한다.

그렇다면 질문은 어떻게 하는 것이 좋은가? 배석한 면접위원 간 중복 요소의 질문을 피해 질문이 누락 되는 영역이나 반복된 질문으로 시간 운영의 효율성이 떨어지는 것을 피할 필요가 있다.

그런 면에서 면접위원 간 역할의 분배를 활용해 보는 것도 좋은 방법 중 하나이다.

전체의 면접 진행을 담당한 면접관은 지원자들에 대한 환영(welcome) 인사부터 운영방식에 대한 안내, 질의응답 후 마무리까지 담당을 하거나, 평가요소별 영역을 나눠 해당 영역의 질문을 맡은 면접위원이 질문을 하고 다른 면접위원은 관찰 후 평가가 이뤄지도록 하여 시간의 안배와 효율적 운영, 평가요소의 누락 방지 등을 유지하면서 지원자에게서 파악해야 할 영역들을 놓치지 않는 운영의 능력도 필요하다는 뜻이다.

H. 평가 태도

H-1. 내 기준

“면접에 참여한 지원자의 입사지원서를 읽거나 면접 질문을 하고 답변을 듣다 보면 의구심이 드는 경우가 있습니다. 예를 들어, 이력서에 기재된 내용 중에 유난히 재학 기간이 길었거나, 이직의 사유가 불분명하면서 이직회수가 많은 경우도 있는데 확인이 필요하지 않을까 싶어요. 또, 면접 질문을 이해 못 한 건지 말하기 싫어서인지 어물어물 딴소리를 하고 넘어가는 경우도 있어요. 이럴 때 질문하면 안 되나요?”

— **면접관의 감**

H-2. 조직의 기준

"면접을 보다 보면, 대상마다 궁금한 것이 있잖아요? 사람도 다르고, 경력이나 경험도 각각 다른데 어떻게 같은 질문으로 그 사람을 올바로 평가할 수 있을까 싶어요. 그런데, 평가항목에 대해서만 평가하라고 하고 내가 물어보고 싶은 영역이 평가항목에는 없어요. 물어보면 안 되나요?"

— **채용평가 설계에 대한 신뢰**

"내가 물어보고 싶은 영역이 있는데, 평가항목에는 없어요. 물어보면 안 되나요?"

위와 같은 질문을 하는 면접관은 '면접의 역할과 책임'에 대해 고민해 봐야 한다. 면접관의 현장 노하우와 인재 평가에 대한 안목을 기대하며 역할을 부여한 것이므로 면접관의 궁금증은 대부분 직무에서 필요한 부분이다. 그러나, 면접은 면접관의 감만을 의지해 설계되지 않는다는 것을 알아야 한다. 채용과정에서 면접 전형에 파악하고자 하는 영역에 대한 범위와 책임을 이해해야 한다.

채용은 서류-필기-면접을 통해 평가가 이뤄진다. 직무나 직급의 특성상 제외되는 전형 과정이 있지만, 해당 포지션의 채용을 위해 확인해야 할 역량을 배제한 평가설계는 없다는 것을 인지해야 한다.

면접은 결국 서류와 필기를 통과하지 않은 지원자를 마주할 수 없는 전형이라는 것이다. 그렇다면 서류와 필기 전

직무분석 자료를 통한 채용전형 개발

역량 별 평가영역		서류전형		필기전형	면접전형			
		정량영역	정성영역		BEI	In Basket	토론	PT
공통역량	00능력	•		•	•			
	00능력		•	•	•			
	00능력	•				•		
직무역량	00능력		•	•		•		
	00능력			•			•	
리더십역량	00능력		•	•			•	
	00능력			•				•

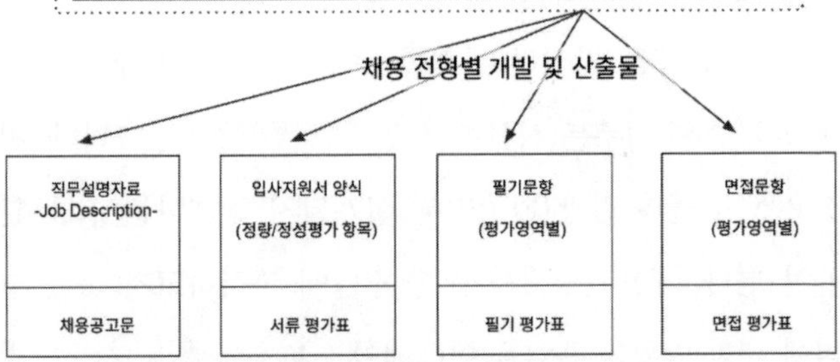

형에서 무엇을 평가하는가?

서류평가는 데이터화할 수 있는 지원자의 기록이 우선 평가된다. 교육, 자격, 경력과 경험 등 지원자가 가진 직무와 연계된 지식과 기술이 중심 평가요소가 된다는 것이다. 이외에 자기소개서 등을 통해 '정성적' 평가요소들을 확인하게 되지만, 한정된 텍스트로 평가에 한계가 있다는 것을 전제하고 면접 시 확인을 진행하게 된다.

필기평가는 어떤가? 서류에 기록된 지식과 기술에 대해 확인하고, 채용 직무에 필요한 지식과 기술영역의 해결능력을 보기 위한 문항으로 개발된다.

이 두 과정을 통과한 지원자에게 우리는 무엇을 확인했고, 무엇을 확인해야 할까?

업무성과를 이끄는 두 개의 동력, 즉 지식(K) 기술(S)과 태도(A)에서 앞서 두 개의 평가과정은 지식(K)과 기술(S) 부분을 주로 평가했다는 것을 인지하자는 것이다.

즉, 성과의 시너지를 창출하는 역량을 확인하기 위해 면접평가가 설계되었고, 이에 해당하는 영역이 평가항목이다. 그러니, 면접관 개인의 궁금증보다 우선해야 하는 것은 면접평가 항목에 해당하는 질문임을 인식해야 한다. 그것이 면접관의 책임 부분이다.

그렇다면, '면접관의 감'은 무시해야 하는 것인가? 아니다.

결론은 '해당 평가영역에 대해 충분히 파악하고 시간의 여유가 있다면, 물어라. 면접관의 권한이다.'

I. 평가기준 적용

I-1. 베스트(Best)를 뽑고 화를 내는 이유

"면접 전형까지 올라온 지원자들을 보면 오버스펙(Over-spec)인 지원자들이 상당히 많이 보여요. 우리는 학사 이상이기만 해도 되는 직무인데, 석사나 때로는 박사학위까지 있는 지원자들이 있다는 거지요. 예를 들어, 연구실험을 담당할 직무에 연구실험을 기획하고 운영을 맡아도 넘칠 정도의 경력이나 전문성을 갖고 있는 지원자가 있어요. 그들은 연구원으로 진입하기는 어려우니까, 일단 하향지원을 하고 이후 내부에서 승진의 기회를 기대하는 경우가 많아요. 그런데, 이런 지원자들이 입사를 하면, 업무에 불만을 갖거나 월권의 업무태도를 보여 조직의 융화를 흐트러뜨리는 등 화근이 되는 경우가 있단 말이에요. 이런 지원자들은 서류전형에서 미리 걸러내야 하는 것 아닌가요?"

— 스팩에 휘둘리는 면접관

I-2. 지금 누구를 원하는 거야?

"최종 면접까지 오는 지원자들은 대부분 떨어뜨릴 만한 수준이 없어요. 그러기 위해서 여러 차례 채용 전형을 거치는 것이기도 하구요. 그러다 보면, 최종 의사결정에서 누구를 선택해야 할지 정말 어려운 입장에 처합니다. 평가에 함께 참여했던 다른 면접관들과 의견이 다른 경우는 더욱 그렇고요. 나와 의견이 다른 면접관이 틀린 것일 수도 있잖아요?"

— **직무기술서를 다시 보라**

역량을 평가할 때, 과제를 제시하고 문제를 해결하라고 하는 형태의 평가 도구를 종종 사용한다. 이 경우, 가장 허망한 상황은 제시된 과제가 무엇인지를 놓치고 혼자 앞으로 나가고 있을 때이다.

서류전형에서 걸러내지 못한 고학력자나 경력 초과의 지원자에 대한 불만을 제기하는 면접위원도 같은 상황에 본인이 있는 것은 아닌지 생각해볼 필요가 있다.

첫째, 직업 선택의 자유라는 의미에서 지원자의 하향지원을 논할 수 없다. 또한, 서류의 가장 기본적인 평가 기준은 우리가 요구하는 직무수행능력을 갖추었는가 여부라는 의미에서 역량 미달의 불합격자는 걸러내야 하나, 역량 이상을 갖춘 지원자를 탈락시킨다는 것은 공정하고 정확한 평가를 거친 우수 인재를 선발해야 하는 의미에서 정확한 평가를 거쳤다고 보기 어렵다.

지원자가 역량과 지식, 경험이 출중하나 개인적 사심으로 쉬운 길을 가고자 선택한 것인지, 지원 분야에 대해서도 업무 몰입과 직무 충실도를 갖고 수행하고자 하는 의지를 가진 우수 인재인지는 확인해야 한다는 것이다.

확인하지 못하고, 무조건 지원자의 의도만 불순하게 본다면 왜곡된 시각으로 인재를 평가하고 있는 것이다. 평가자로서 면접위원의 역할과 책임, 역량의 부족이라 자책해야 할 부분이기도 하다.

고성과를 낼 수 있고, 경험을 바탕으로 위험요인을 줄일 수 있는 역량을 갖추었음에도 우리 조직이 제공할 수준의 보상으로도 근무 의지를 갖고 있다면, 조직의 성장에 기여할 수 있는 우수 인재를 스스로 놓친 것이 아닌가?

"나이가, 경력이 부담되어서"라는 이유를 가진 면접관의 주관으로 기피하는 것은 현시대에 맞는 시각이 될 수 없다. 연공서열의 시각을 여전히 고집하고 있다면, 변화하는 시장 내에서 경쟁력을 확보하는 데 한계에 부닥칠 것이다.

둘째, 서류에서 우리가 요구하는 직무 역량 수준 이상을 갖춘 합격자를 면접 과정에서 마주하게 된다면, 면접위원은 우선 지원자의 스펙에 휘둘리지 말아야 한다.

내 앞에 있는 지원자는 모두 해당 직무를 수행하는 데, 정량적인 역량을 갖추었다고 인정받아야 가능한 자리에 있다는 것을 인지해야 한다는 의미이다.

이후, 면접위원은 실제 그 업무에 적합한 기술과 태도, 정확한 조직에 대한 이해와 직무 역할을 인지하고 있는지를 파악해야 한다.

공기업이나 사기업 모든 면접 평가지표에 가장 많이 자리 잡고 있는 평가항목이 직무 전문성, 수행 능력, 적합성 등이라는 것을 봐도 면접위원이 파악해야 할 영역이 무엇인지 좀 더 명료해질 것이다.

서류심사에서나 봤어야 할 항목에 집착하지 말고, 입사지원서에 드러나지 않는 영역들, 그러나 우리 조직의 직무에서 반드시 확인해야 할 평가영역에 집중해야 한다는 것이다.

이를 놓쳤을 때, "좋은 배경(Back-ground)을 가졌네"라고 성급히 판단하고 평가의 역할을 제대로 수행하지 못하는 것이다. 그래 놓고, 서류심사자를 탓하는 것은 어불성설임을 인지해야 한다.

셋째, 앞서 말한 바와 같이 지원자의 지식과 경력, 자격에만 집중하고 있다 보면, 더 나은 지식보유자, 더 풍부한 경험보유자, 더 많은 자격소유자로 쏠리게 된다.

잊지 말아야 할 것은, 우리는 최고(Best)를 뽑는 것이 아니라, 직무에 적합한 좋은 사람(Right people)을 선발해야 한다는 것이다. 때문에 해당 직무 기술서에 기재된 업무 역할에 집중하고, 해당 업무를 수행하는 데, 적합한 경험과 지식과 태도를 갖추고 있는지와 우리 조직에서 요구하는 인재의 기준에 적합한지에 대한 기준을 유지해야 할 것이다.

면접 전형의 평가자로서 지원자의 무엇을 관찰해야 하는지, 어떤 기준으로 판단해야 하는지, 면접위원 개인의 성향과 가치가 개입되고 있는지, 스스로 돌아보고 주의해야 평가자로서 면접의 오류를 줄이고 바른 평가를 할 수 있다.

즉, 면접위원 자신의 기준이 아닌, 조직에서 요구하는 직무의 기준이라는 것을 잊지 말아야 한다.

평가자의 오류 점검

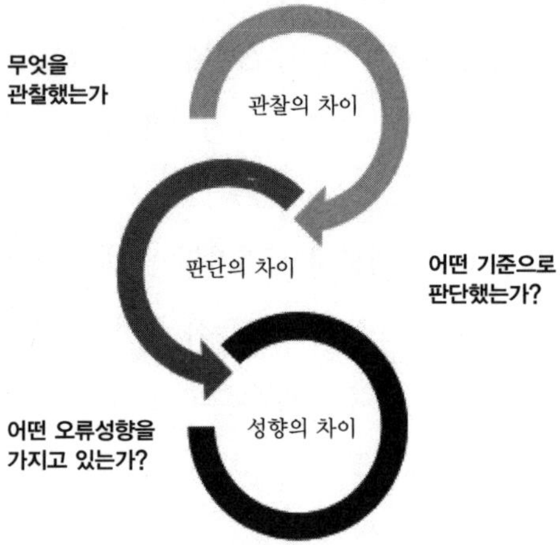

J. 질문의 기술

J-1. 듣고 싶은 것을 들을 수 없는 질문

“요즘 취업을 준비하는 구직자들은 너무 많은 정보를 갖고 있어요. 우리가 뭘 물어볼지 생각하고 준비해온 모습들을 보면서 또 어떤 질문을 해야 하나 싶어요. 그래서, 구조화된 질문으로 미리 준비해준 질문들을 보면, 좋은 질문들이 있어서 물어보죠. 그래도 그들을 잘 모르겠는걸요. 답변이 진심인지, 뭔가 잘 숨기는 것 같기도 하고. 그리고, 핑계 같지만, 늘 시간이 부족해요. 심층 질문을 하라고 하는데, 어렵기도 하지만 물어볼 시간도 없다는 거죠.”

— 중도포기

J-2. 감추려 하던 것을 알 수 있는 질문

"자기 PR에 대해 많이 훈련된 사람을 보면, 진실성이 의심스럽고. 뭔가 감추고 있다는 생각이 강하게 듭니다. 그럴 때 집중적으로 꼬리에 꼬리를 무는 질문을 하지요. 사기성이 있거나, 자신의 이익만을 위해 조직에 해가 되는 사람을 뽑을 수는 없으니까요. 하지만, 그런 심층 질문에도 잘 빠져나가는 지원자들이 있어요. 좀 더 정확한 판단을 위해서 어떻게 질문을 해야 할까 늘 고민입니다."

— 정곡

이런 현상은 자신의 장점과 경쟁력을 어필하고자 하는 지원자로서 입장에 충실한 것이다. 좋은 인상을 보여주기를 희망하는 것이 모두 가식이라고 폄하될 수는 없다.

그럼에도 평가자의 입장에서 호감의 노력과 거짓된 정보로 본질을 가리는 행동을 구별해야 할 것이다. 또한, 정량적 지표에서 보여주고 있지 않은 직무에 대한 태도와 자세는 지속적인 성과창출에 지대한 영향을 준다는 점에서 면접 과정에서 파악하고자 노력해야 하는 영역이다.

이를 위해 준비된 질문이나 평가역량을 확인하기 위한 질문을 던지고도, 지원자가 준비한 답변으로만 끝나는 경우가 있다. 가장 큰 이유로는 면접위원이 답변에서 추가 확인이 필요한 부분을 놓치거나, 심층 질문을 포기하고 넘어갈 때이다.

면접위원의 질문의 스텝을 밟을 줄 아는 기술이 필요하다.

Step 1. 일반적이거나 이론적인 답변만 한다면, 구체적인 예를 제시하도록 추가 질문을 해야 한다.

Step 2. 지원자가 질문의 답변 범위를 벗어나 전반적인 역량 등의 PR 하려는 답변을 한다면, 적절히 답변을 중지시키고 질문한 핵심에 집중할 수 있도록 구체적으로 다시 질문한다.

Step 3. 자신의 행동이나 노력이 아닌 '팀'으로 묶어 표현하고 있다면, 개인의 역량을 평가하는 것이므로 개인의 관점에서 다시 답변하도록 유도한다.

Step 4. 지원자의 답변으로는 역량이 전혀 나타나지 않는다면, 판단하기 전에 같은 역량을 평가할 수 있는 질문을 던져 평가의 오류를 줄이도록 한다.

Step 5. 극단적으로 긍정적이거나 부정적인 답변이 강하다면, 당시 상황을 객관적으로 파악할 수 있는 질문을 하거나 반대되는 상황에 대한 질문을 던져 재차 검증한다.

또한, 질문을 하고 답변에 대해 경청하지 않을 때, 지원자가 넘어가고 싶은 부분을 놓치기 쉽다. 질문만큼이나 경청의 자세가 중요하다는 것이 이런 경우이다.

1차 답변에서 확인이 필요한 내용이 있어도 추가 질문을 포기하는 경우인데, 이는 주로 시간의 안배를 놓칠 때 발생한다. 굳이 입사지원서에 표기되어 있는 것을 질문하느라, 정작 확인해야 할 부분의 질문시간이 부족하거나, 핵심 평가영역보다 자신이 궁금한 부분에 더 집중하여 질문하다 시간 안배에 실패하는 경우도 이에 해당한다.

이럴 경우, 경력직의 업무성과가 자신의 역량을 활용한 것인지, 팀원들의 노고를 독식하는 행동인지 판단을 놓쳐 조직의 와해를 일으키는 인재(人災)를 선발할 수도 있다. 또는, 기술직의 자격과 지식은 있으나, 활용 기술이 없는 기술 직원을 뽑아 문제가 발생해도 해결하지 못할 수도 있다는 것이다.

또는, 조직에 대한 책임감이나 자신의 역할을 충실히 하기 위해 개인의 이익을 못 챙긴 조직 충성도가 높은 인재(人材)를 놓칠 수도 있다. 때로 사내교육 이수율이 높은 업무 능력 부족자와 직급에 비해 중책을 맡아 교육참여 기회를 놓친 고성과자를 분별하지 못하는 사태도 벌어진다.

적어도 시간 안배와 자기계발 노력, 업무 관련 집중도와 성과에 대한 자기 노력을 확인할 수 있는 질문이 이어져야 평가의 오류를 줄일 수 있을 것이다.

질문도 중요도에 따라 시급도가 따라간다는 생각으로 시간 안배와 질문의 비중을 두고 이뤄져야 할 것이다. 내가 궁금한 것이 조직과 직무에서 확인해야 할 것과 일치하도록 면접위원도 스스로의 훈련이 필요한 부분이다.

그러기 위해서 질문의 기술에서 피해야 할 질문들도 검토해 보자. 시간의 효율성을 떨어뜨리고, 질문의 의도가 너무 뻔히 드러나거나, 논지를 흐리는 질문 등 면접에서 파악해야 할 영역을 효과적으로 판단하는데 피해야 할 것들이다.

질문 유형	예 시
막연한 생각이나 의견 또는 태도를 묻는 질문	현재 회사의 비전에 대해서 어떻게 생각하십니까?
현재형으로 묻는 질문	어떻게 그 일을 하십니까? (과거 특정 상황에서 직접 행한 행동이 아닌 일반적으로 해야 하는 행동을 답하게 됨)
Yes/No로 대답이 가능한 질문	성과관리를 잘 하신다고 생각하십니까?
Hypothetical questions	만약 이런 상황이라면 어떻게…?
피면접자가 방어를 해야 하는 Judgmental 질문	그 상황에서는 더욱 체계적인 전략수립이 선행되었어야 한다고 생각하지 않으십니까?
Ambiguous questions	당신 자신에 대해 말씀해 보세요
Multiple choice questions	회사를 떠난 이유가 급여 때문인가요, 아니면 커리어 때문인가요?
유도 질문	리더십이 조직관리에 어느 정도나 중요하다고 보십니까?

Irrelevant questions	covid-19 백신을 우리나라가 개발하면 어떻게 될까요?
Double questions	이 문제의 원인은 무엇이었고 어떤 해결안을 고려하셨나요?
Marathon questions	…(blah, Blah, blah)… 어떻게 생각하십니까?
Critical questions	그 회사의 인력 수준은 별로라고 생각되는데, 그렇지 않아요?
Discriminating questions	몇 살입니까?

K. 기록의 기술

K-1. 내가 나를 믿을 수 없는 기억

"경력자의 경우는 하루에 동시에 보는 경우도 있지만, 여러 날에 걸쳐 다수의 지원자들의 면접을 보기도 해요. 또는, 신입의 경우에 며칠 동안 같은 직무지원자들을 보기도 하지요. 문제는 내 기억이 오전 다르고, 오후 다르다고 느껴질 때입니다. 도대체 그 많은 지원자를 다 기억하지 못한다면 어떻게 올바른 평가가 이뤄질 수 있겠어요. 그래서 메모를 해놓기는 하는데, 봐도 기억이 나지 않거나 왜 좋은 평가를 해 두었는지 떠올리느라 고생한 적도 있고요."

― 오류를 일으키는 기록]

K-2. 기술이 필요한 관찰과 기록

"면접에서 지원자에 대한 평가자의 기록은 평가 이전에 이뤄지는 행위라고 배웠어요. 그래서 판단을 하면서 기록하는 것이 아니라는 것이죠. 지나치게 내용을 압축하게 되면 '단순화의 오류'에 빠져 지원자들 간의 편차를 평가하는데 어려움이 생긴다고 해서 구체적으로 쓰려니 중간 답변 내용을 놓치기도 하고 어려워요."

누구나 기억에는 한계가 있다. 당연히 발생하는 상황이다. 그러나, 당연하다고 치부할 수 없는 면접이라는 평가과정을 인지하고 있다면, 이런 한계로 발생하는 평가의 오류를 줄여야 할 것이다.이런 면에서 가장 필요한 것이 기록의 기술이라 하겠다.

면접위원 자신의 머리(기억력)보다 손(기록)을 믿어야 한다는 의미이다. 그렇지 않을 경우, 대부분은 평가 시점에 임박하여 초기의 답변은 잊어버리고, 가장 최근에 답변한 것만을 대상으로 지원자를 평가하려는 경향을 보이게 되고, 이를 '최신 오류'라고 한다.

때문에 기록에 대한 중요성을 인지하고, 평가과정에서 필요한 부분이라는 것을 이해하고 있어야 할 것이다. 그러나, 기록에 대한 기술이 습득되지 않으면 기록을 했음에도 기록의 가치를 제대로 발휘하지 못하는 경우도 있다.

기록의 역할을 놓치게 되는 경우로는 다음과 같은 사항이 발생한다.

단순화 오류	정보를 지나치게 단순화하거나 생략하여, 관찰 내용을 지나치게 압축하는 오류
중간관찰 손실오류	처음과 끝은 집중하나, 중간관찰 내용은 집중력이 떨어져 관찰 기록을 놓치게 되는 오류

면접위원 자신이 써 놓고도 무슨 소리인지 모를 내용이 되거나, 기록 자체에 대해 신뢰하지 못하는 기록이 되어 버리는 경우다. 이런 기록은 평가에 오히려 오류를 발생시킬 수 있다. 때문에 가능한 주의를 기울여 경청하고 들은 내용이나 행동 그대로 기록하는 훈련이 필요하다.

특히, 이런 경우 기록보다 사전 정보에 의한 면접위원 개인의 판단이 먼저 개입되지 않도록 해야 한다. 판단이 먼저 개입되면 평가에 발생할 수 있는 오류들이 있다.

사전정보 오류	이전에 관찰한 정보를 근거로 지금 현재의 관찰이 영향을 받게 되는 오류
선입견 오류	응시자에 대하여 갖게 되는 견해에 따라 관찰 결과를 기록하게 되는 오류
후광효과의 오류	면접관이 응시자의 어느 한 가지 장점 또는 단점을 기준으로 하여 다른 것까지 함께 평가해버리는 오류

보고 싶어 하는 것을 찾는 것이 아니라, 보여주고 있는 것을 관찰해야 한다는 태도가 필요하다. 면접위원의 주관적 가치나 입사지원서에 기록된 내용으로 미리 판단한 이후에 관찰하고 이것이 기록된다면 평가에 오류가 발생하게 된다.

부록

면접관 역량지표

면접 질문과 의도

기출 면접 질문

면접 준비 체크리스트

면접 전 사전 준비 과제

1. 면접관 역량지표

1. 직무개요

1) 직무정의(목표+수단+업무)

조직에 적합한 인재 선발을 위해 개발된 평가도구와 프로세스를 활용하여 공정하고 정확한 평가가 이뤄지기 위해 면접전형의 원활한 운영과 평가를 진행하는 것이다.

2) 능력단위

순번	능력단위	
1	면접사전준비	
2	면접운영관리	
3	지원자 검토	
4	면접질문	
5	면접기록	
6	면접평가	
7	면접관 자세	
8	면접 품질관리	

3) 능력단위별 능력단위요소

순번	능력단위	능력단위요소
1	면접사전준비	면접방식 파악하기
		면접유형 파악하기
		선발직무 파악하기
		평가기준 파악하기
		평가기준 질문 개발하기
2	면접운영관리	기원자와의 라포 형성하기
		면접운영 방식 안내하기
		시간 관리하기

3	지원자 검토	평가기준항목 검토하기
		특이사항 분류하기
		확인사항 질문 구성하기
4	면접질문	평가항목 주질문하기
		심층질문하기
		지원서 확인사항 질문하기
5	면접기록	지원서 답변 기록하기
		지원자 행동 특성 기록하기
		지원자 관찰하기
6	면접평가	평가기준 적용하기
		평정하기
		면접평가표 작성하기
7	면접관 자세	존중의 자세 유지하기
		정제된 언어 사용하기
8	면접 품질관리	면접 사전 교육하기
		면접 진행사항 협의하기

2. 능력단위별 세부내용

능력단위	면접사전준비
능력단위 정의	면접 진행 전 정확한 평가 준비를 위해 면접유형, 면접방식, 선발직무, 선발기준을 파악하고 주 질문을 개발하는 것이다.

능력단위요소	수행준거
면접유형 파악하기	1.1 선발 기준에 맞춰 구성된 면접 유형을 파악할 수 있다.
	1.2 자신에게 배정된 면접 유형을 파악할 수 있다.
	1.3 배정된 면접 유형에서의 면접관의 역할 범위를 파악할 수 있다.
	지식 인적자원관리에 대한 지식 인재선발계획에 대한 이해 인재선발도구의 전형별 개념 면접기법의 종류에 대한 이해 면접 평가방식에 대한 이해 채용규정에 대한 이해
	기술 면접전형 계획 파악 능력 채용선발프로세스 습득 능력

능력단위요소	수행준거
	정보수집을 위한 소통 기술
	태도 면접유형을 정확히 분석하는 태도 요구 분석을 위한 적극적 경청 평가 기준을 왜곡 없이 수용하는 자세
면접운영방식 파악하기	1.1 제시된 면접 계획서를 통해 평가자 및 피평가자 구성인원을 파악한다.
	1.2 제시된 면접 계획서를 통해 배정된 면접 시간을 파악한다.
	1.3 제시된 면접 계획서를 통해 제공된 자료를 파악한다.
	지식 인적자원관리에 대한 지식 인재선발계획에 대한 이해 면접기법의 종류에 대한 이해 면접 운영방식에 대한 이해
	기술 면접유형별 인력운영기술 면접전형 계획에 따른 시간관리 기술 면접 계획서 자료 파악 능력
	태도 면접운영방식을 정확히 분석하는 태도

능력단위요소	수행준거
	공정하고 객관적인 자세 면접운영방식을 숙지하는 태도
선발직무 파악하기	1.1 선발 조직 유형과 사업 영역의 특성에 대해 파악할 수 있다.
	1.2 채용 예정 직무설명자료를 바탕으로 직무 역량을 파악할 수 있다.
	1.3 선발 담당자를 통해 채용 예정 직무의 역할 범위 및 조직 규모, 업무 환경에 대한 특징을 파악할 수 있다.
	지식 조직유형에 대한 이해 직무설명자료 구성의 이해 직무분석의 이해
	기술 직무분석능력 조직의 특성을 구분할 수 있는 능력
	태도 정확한 정보를 파악하는 태도 선발 담당자와의 적극적인 소통의 자세
	1.1 면접평가표를 통해 평가요소 항목과 정의를 파악할 수 있다.
	1.2 평가요소의 긍정적 행동특성과 부정적 행동특성을 파악할 수 있다.

능력단위요소	수행준거
평가기준 파악하기	1.3 면접평가표를 통해 평가요소별 배점과 평가척도를 파악할 수 있다.
	1.4 면접 평가 시 점수부여 방식에 대해 파악할 수 있다.
	지식 면접평가표 구성에 대한 이해 행동특성에 대한 개념 평가요소 이해능력
	기술 평가요소를 정의내릴 수 있는 능력 행동특성을 구분 할 수 있는 능력 평가척도 기준을 수립할 수 있는 능력
	태도 평가표를 정확히 파악하는 태도 정확히 구분하려고 하는 자세
	1.1 평가기준의 행동을 측정할 수 있는 주 질문을 개발할 수 있다.
	1.2 직무 특성 또는 선발 영역에 맞는 질문을 개발할 수 있다.
	1.3 조직 이해도를 파악할 수 있는 질문을 개발할 수 있다.
	지식 질문기법에 대한 지식 평가기준표 이해

능력단위요소	수행준거
평가기준별 질문 개발하기	직무이해 조직이해
	기술 평가요소별 질문개발 능력 직무 핵심역량 질문개발 능력 조직 특성에 맞는 질문개발 능력
	태도 정확하고 객관적인 측정을 하고자 하는 태도 범용적 질문을 개발하려는 자세 질문의 유효성을 검증하려는 태도 일관된 난이도를 유지하려는 자세

능력단위	면접운영관리
능력단위 정의	원활한 면접운영관리를 위해 지원자와의 라포형성, 면접운영 방식 안내, 면접 시간 관리를 하는 것이다.

능력단위요소	수행준거
지원자와의 라포형성하기	1.1 지원자와 명단을 비교하여 참석여부를 확인할 수 있다.
	1.2 지원자의 긴장감을 풀어줄 수 있는 대화를 진행할 수 있다.
	1.3 채용전형 과정에 참여한 지원자들에 대해 감사의 표현을 할 수 있다.
	지식 AC(Assessment Center) 운영방법론 인재선발방법론 의사소통방법론
	기술 면접 운영능력 면접 분위기 조성을 위한 의사소통 기술 피면접자와의 라포 형성 능력
	태도 지원자에 대한 배려의 태도 지원자와의 적극적인 소통의 자세 조직의 대표성을 인지한 주인의식

능력단위요소	수행준거
안내하기	1.1 면접의 운영계획에 따른 유형, 시간에 대한 안내를 할 수 있다.
	1.2 면접 시 주의해야 할 사항에 대해 설명할 수 있다.
	1.3 공정한 기회 제공을 위한 발언의 제약에 대해 예고할 수 있다.
	지식 조직의 취업 규칙 조직 이해 인재선발계획에 대한 이해
	기술 명료한 정보전달을 위한 의사소통 기술 인재선발과정 이해를 위한 정보제공 능력
	태도 명료한 의사전달의 자세 정확한 정보 제공을 위한 적극적인 태도
	1.1 주어진 면접 시간에 맞추어 면접 프로세스를 진행할 수 있다.
	1.2 지원자의 답변이 길어질 경우, 양해를 구하고 시간을 확보할 수 있다.
	1.3 지원자 모두에게 균등한 시간을 활용하여 면접을 진행할 수 있다.
	지식 면접 기법

능력단위요소	수행준거
시간 관리하기	AC(Assessment Center) 운영법 면접전형 운영방식에 대한 이해
	기술 시간 조율 능력 면접 운영 기술
	태도 객관적인 태도 공평한 기회 부여를 위한 균형감각 공정성을 준수하는 태도

능력단위	지원자 검토
능력단위 정의	명확한 면접평가를 위해 지원자자료 검토, 특이사항 분류, 확인사항 질문을 구성하는 것이다.

능력단위요소	수행준거
지원자자료 검토하기	1.1 지원자자료의 종류를 확인하고 내용을 파악할 수 있다.
	1.2 지원자자료와 평가기준의 연관성을 검토할 수 있다.
	1.3 지원자자료를 통해 평가요소가 표현되지 않은 부분을 파악할 수 있다.
	지식 제출자료 평가기법 평가기준에 대한 이해 자료활용에 대한 이해
	기술 정보분석 능력 평가기준 적용 능력 미검증 요소 파악 능력
	태도 분석적 태도 정보분석을 위한 통찰적 자세 정확성을 기하려는 자세
	1.1 지원자자료의 내용을 통해 지원자의 특성을 파악할 수 있다.

능력단위요소	수행준거
특이사항 분류하기	1.2 교육, 경력, 자격사항 등의 이력사항에서 특이점을 찾아낼 수 있다.
	1.3 경력기술, 자기소개서 내용에서 추가 파악사항을 추출할 수 있다.
	지식 제출자료 평가기법 평가기준에 대한 이해 자료활용에 대한 이해
	기술 정보분석 능력 평가기준 적용 능력 미검증 요소 파악 능력
	태도 분석적 태도 신뢰성 검증을 위한 문제의식 타당성 검증을 위한 합리적 사고
	1.1 지원자자료에서 확인된 사항의 특이점을 확인할 수 있는 질문을 구성할 수 있다.
	1.2 지원자자료의 내용의 신뢰성을 검증할 수 있는 질문을 구성할 수 있다.
	1.3 지원자자료에서 확인되지 않은 평가요소에 대해 질문을 구성할 수 있다.
	지식

능력단위요소	수행준거
확인사항 질문 구성하기	제출자료 평가기법 질문기법에 대한 지식 평가기준에 대한 이해
	기술 정보파악을 위한 질문 개발 능력 미검증 요소에 대한 질문 개발 능력
	태도 정확성을 기하려는 태도 분석적 태도 문제의식

능력단위	면접 질문
능력단위 정의	평가항목에 따라 행동과 역량, 성과, 향후 기여 가능성을 파악할 수 있도록 질문하는 것이다.

능력단위요소	수행준거
평가항목 주질문하기	1.1 평가항목에 맞는 질문을 선별하여 지원자에게 질문할 수 있다.
	1.2 지원자들에게 동일한 수준의 구조화된 질문을 할 수 있다.
	1.3 평가항목의 역량이 관찰될 수 있는 질문을 할 수 있다.
	지식 질문기법에 대한 지식 면접 구조화에 대한 지식 역량평가지표에 대한 이해
	기술 역량중심 질문의 기술 동일 수준의 질문 난이도 조절 능력 평가가능한 질문의 기술
	태도 정확하고 객관적인 측정을 하고자 하는 태도 개방적인 의사소통의 자세 범용성을 갖춘 질문을 하고자 하는 자세 일관된 난이도를 유지하려는 자세

능력단위요소	수행준거
심층질문하기	1.1 주질문에 대한 답변을 듣고 상황, 행동, 결과에 대해 파악할 수 있는 추가 질문을 할 수 있다.
	1.2 지원자의 구체적인 역할과 성과에 대해 파악할 수 있는 질문을 할 수 있다.
	1.3 선발 직무에 기여할 수 있는 가능성을 파악할 수 있는 질문을 할 수 있다.
	지식 BEI(행동사건면접) 기법 역량평가 기법 STAR, PAR Method 질문기법에 대한 이해
	기술 BEI 질문 기술 STAR, PAR Method 질문의 기술
	태도 정확하고 객관적인 측정을 하고자 하는 태도 정보의 신뢰성을 검증하려는 태도 질문기법 적용의 유연성
	1.1 지원서 상의 내용 중 특이사항에 대해 추가적 질문을 통해 확인을 할 수 있다.
	1.2 지원서 내용의 진위여부를 파악할 수 있는 질문을 할 수 있다.
	1.3 지원서 작성 내용 중 누락된 영역에 대한 파악을 위한 질문을 할 수 있다.

능력단위요소	수행준거
지원서 확인사항 질문하기	지식
	제출자료 평가기법
	질문기법에 대한 지식
	평가기준에 대한 이해
	기술
	정보파악을 위한 질문 기술
	미검증 요소에 대한 질문 기술
	태도
	정확하고 객관적인 측정을 하고자 하는 태도
	정보의 신뢰성을 검증하려는 태도
	질문기법 적용의 유연성

능력단위	면접 기록
능력단위 정의	면접 과정 중 지원자의 언어적, 비언어적 특성을 관찰하여 답변과 행동특성을 기록하는 것이다.

능력단위요소	수행준거
지원자 관찰하기	1.1 답변 중인(면접과정 중) 지원자의 비언어적인 행동을 관찰할 수 있다.
	1.2 답변 대기 중인 지원자의 비언어적인 행동을 관찰할 수 있다.
	1.3 비언어적인 행동의 긍정적 표현과 부정적 표현을 구분할 수 있다.
	지식 비언어적 의사소통에 대한 이해 긍정적 및 부정적 행동의 종류
	기술 지원자 태도를 통한 긍정적 행동 구별 능력 지원자 태도를 통한 부정적 행동 구별 능력
	태도 지원자의 행동을 섬세하게 지켜보는 관찰력 긍정과 부정적 행동을 구별하는 결단력
	1.1 답변의 기록을 지원자의 언어 그대로 기록할 수 있다.
	1.2 평가 후 기록의 내용을 이해할 수 있도록 키워드 중심으로 기록할 수 있다.

능력단위요소	수행준거
지원자 답변 기록하기	1.3 평정요소의 긍정적, 부정적 언어특성을 분류하여 기록할 수 있다. 지식 평정요소의 이해 BEI를 통한 평정요소의 긍정적, 부정적 요소에 대한 이해 STAR, PAR Method 질문기법에 대한 이해 기술 답변의 내용을 이해할 수 있도록 기록하는 능력 긍정적, 부정적 특성을 구별하여 기록하는 능력 답변의 표현을 가공하지 않고 기록하는 능력 태도 지원자의 언어를 빠짐없이 들으려고 하는 경청의 자세 긍정과 부정적 행동을 구별하는 판단력 핵심 내용을 왜곡없이 기록하려는 태도
지원서 확인사항 질문하기	1.1 지원자의 태도나 답변에서 나타난 행동의 특성을 사실적으로 묘사하여 기록할 수 있다. 1.2 지원자 행동의 빈도, 반복성 등을 관찰하여 기록할 수 있다, 1.3 평정요소의 긍정적, 부정적 행동특성을 분류하여 기록할 수 있다. 지식 평정요소의 이해

능력단위요소	수행준거
	BEI를 통한 평정요소의 긍정적, 부정적 요소에 대한 이해
	기술 지원자의 비언어적 특성을 기록하는 능력 긍정적, 부정적 행동특성을 구별하여 기록하는 능력 답변의 표현을 가공하지 않고 기록하는 능력
	태도 지원자의 행동특성을 관찰하려는 자세 긍정과 부정적 행동을 구별하는 판단력 핵심 행동을 왜곡없이 기록하려는 태도

능력단위	면접 평가
능력단위 정의	면접의 평가기준에 맞춰 적용, 평정을 통해 최종 평가를 면접 평가표에 기록하는 것이다.

능력단위요소	수행준거
평가기준 적용하기	1.1 지원자의 답변에 대해 질문 및 과제에 대한 적합성 여부를 판단하여 해당 평가요소에 적용할 수 있다.
	1.2 지원자의 언어, 비언어적 특성의 긍정적, 부정적 내용을 평가하여 평가기준에 적용할 수 있다.
	1.3 지원자의 평가는 채용 직무의 역량 수준에 맞춰 일관된 평가기준을 적용할 수 있다.
	지식 평가요소의 이해 평가기준에 대한 이해
	기술 평가요소의 긍정적, 부정적 요소를 구별할 수 있는 능력 지원자의 언어적, 비언어적 특성을 평가기준에 적용하는 능력
	태도 일관성을 갖고 평가하려는 태도 객관적 근거를 바탕으로 평가하려는 태도
	1.1 지원자 평가에 영향을 줄 수 있는 긍정적, 부정적 특징을 사실에 근거하여 공유할 수 있다.

능력단위요소	수행준거
평정하기	1.2 타 면접관의 평가에 주관적 영향을 주지 않도록 객관적 입장을 유지할 수 있다.
	1.3 타 면접관이 제공한 정보를 제공하여 유연성 있게 평가를 진행할 수 있다.
	지식 상호 의견교환에 대한 이해 평가요소에 관련된 행동특성의 이해
	기술 객관적 사실을 갖고 의견을 제시하는 능력 정보를 취합하여 평가하는 능력
	태도 타 면접관의 의견을 경청하려는 자세 객관적 근거를 바탕으로 의견을 제시하는 태도 유연성을 갖고 평가하려는 태도
면접 평가표 작성하기	1.1 지원자와 평가표의 일치를 확인하여 평가표를 작성할 수 있다.
	1.2 기록 및 평정을 통한 평가를 타인이 확인할 수 있도록 정확히 기록할 수 있다.
	1.3 평가자 확인 및 평가의견 등 평가표의 기록사항을 정확히 작성할 수 있다.
	지식 면접 평가표 항목에 대한 이해 면접 평가표 작성방법에 대한 이해

능력단위요소	수행준거
	기술 면접 평가표 작성능력 특이사항을 기록할 수 있는 능력
	태도 평가표 기준에 맞게 기록하는 정확성 타인도 확인할 수 있도록 명확하게 기록하고자 하는 자세

능력단위	면접관 자세
능력단위 정의	편안하고 신뢰할 수 있는 평가 환경을 제공하기 위해 지원자에 대한 존중의 자세와 정제된 언어사용을 활용하는 것이다.

능력단위요소	수행준거
존중의 자세 유지하기	1.1 편안한 평가환경이 제공되도록 지원자에 대한 존중의 자세를 유지할 수 있다.
	1.2 지원자의 답변에 경청하는 자세를 유지할 수 있다.
	1.3 지원자의 평가는 채용 직무의 역량 수준에 맞춰 일관된 평가기준을 적용할 수 있다.
	지식 라포형성기법 인적자원관리 면접질문기법
	기술 자연스러운 화법 능력 경청 능력
	태도 경청의 자세 타인의 이야기를 편견 없이 받아들이는 태도 상대방을 존중하는 자세
	1.1 지원자가 정확히 이해할 수 있는 명료한 언어 표현을 할 수 있다.

능력단위요소	수행준거
정제된 언어 사용하기	1.2 편안한 평가과정이 이뤄지도록 배려하는 언어 표현을 할 수 있다.
	1.3 조직의 대표성을 인지하여 정제된 언어와 공식적 표현을 사용할 수 있다.
	지식 언어에 대한 지식 면접 질문 기법
	기술 언어기술 정제된 언어 사용 능력 정확한 언어 전달 기술
	태도 배려하는 태도 존중하는 자세

능력단위	면접 품질관리
능력단위 정의	적합 인재 선발에 맞는 면접과정을 진행하기 위한 면접 전 면접관 사전교육과 면접 진행사항을 협의하는 것이다.

능력단위요소	수행준거
면접 사전교육하기	1.1 조직의 특성과 진행될 면접과정에 맞는 면접관 사전교육 자료를 제작할 수 있다.
	1.2 면접관 교육환경(시간, 대상 등)에 맞는 교육설계를 할 수 있다.
	1.3 계획된 교육설계에 따라 사전교육을 진행할 수 있다.
	1.4 면접 사전교육 과정에서 피교육자의 질의에 답변할 수 있다.
	지식 면접기법 인적자원관리 교육 설계에 대한 지식 채용프로세스에 대한 이해
	기술 강의 기술 교육 설계에 대한 능력 사전교육자료 제작 능력
	태도 정확한 정보를 전달하려는 자세

능력단위요소	수행준거
	공정한 자세
면접 진행사항 협의하기	1.1 위원장, 질문자, 관찰자 등 면접과의 역할을 배정된 면접관 내에서 배분할 수 있다.
	1.2 평가요소별 질문 담당자 역할을 협의할 수 있다.
	1.3 면접관별 질문 순서를 협의할 수 있다.
	1.4 면접관별 시간배분을 협의할 수 있다.
	지식 면접기법 라포형성기법 채용프로세스에 대한 이해
	기술 시간관리능력
	태도 공정한 자세

2. 면접 질문과 의도 - 이럴 땐 어떻게?

Q. 자기소개해 보세요.

INTENTION 면접에서 많이 받는 질문 중 하나이다. 나의 직무 상 강점 및 지원동기를 알아보고, 기본적인 자기표현 능력이 있는지 알아보는 질문이다.

Q. 자신의 강점은 무엇인가요?

INTENTION 자기평가가 이뤄져 있고, 본인의 강점을 지원하는 직무에 활용할 수 있는지 알아보는 질문이다.

Q. 기업을 선택하는 기준은 무엇인가요?

INTENTION 직업가치관을 갖추고 있으며 지원자가 기업에게 원하는 바가 무엇인지를 평가하기 위한 질문이다.

Q. 우리 회사에 취업하기 위해 어떤 노력을 했나요?

INTENTION 지원 회사에 대한 입사 의도와 간절함을 알아보고, 지원준비 사항에 대한 점검을 하기 위해 물어보는 질문이다.

Q. 입사 후 포부를 말해주세요

INTENTION 업무에 대한 구체적인 계획이 있으며 그 계획은 우리회사의 성과와 연결되어 있는가를 평가하기 위해 물어보는 질문이다.

Q. 살면서 가장 큰 성취 경험은 무엇인가요?

INTENTION 본인의 경험을 통해 어떤 역량을 갖고 있는지, 그 역량이 회사 생활에서 활용할 수 있는지를 평가하기 위해 물어보는 질문이다. 대부분, 경험을 물어보는 질문은 역량을 평가하기 위한 질문으로 봐도 무방하다.

Q. 휴일에는 주로 무엇을 하나요?

INTENTION 시간관리를 어떻게 하는지, 자기개발에 힘쓰는 사람인지를 평가하기 위해 물어보는 질문이다.

Q. 존경하는 인물은 누구입니까?

INTENTION 많이 받는 질문 중에 하나로, 나의 인생관, 가치관을 알아보기 위한 질문으로 내가 왜 그 인물을 좋아하는 지 명확한 이유와 더불어 나의 직업관, 인생관을 함께 이야기하면 좋다.

Q. 일을 시작하면 얼마나 오랫동안 근무가 가능한가요?

INTENTION 근속이 긴 직원을 채용하고 싶은 채용담당자의 마음을 대변하는 질문이다. 오랫동안 근무하고 싶은 내 마음을 솔직히 이야기하는 것이 좋다.

Q. 우리 회사에서 생산되는 제품에 대해 아는 대로 이야기해 보세요.

INTENTION 취업에 대한 간절함이 있는지, 그래서 얼마나 준비했는지를 간접적으로 평가하는 질문이다.

Q. 타 부서와의 협업에서 중요한 것은 무엇이라고 생각하나요?

INTENTION 협력 역량에 대한 평가를 하고 싶어 물어보는 질문으로 협업을 통해 성과가 도출되었던 경험을 더불어 이야기하여 나의 협력역량을 증명한다.

3. 기출 면접 질문

- 자기소개 부탁드립니다.
- 지원한 직무를 선택한 동기가 무엇인가요?
- 우리 회사를 선택한 동기가 무엇인가요?
- 학창 시절에 가장 기억에 남는 경험 하나만 소개해 주세요.
- 본인의 성격의 장점은 무엇인가요?
- 본인의 성격의 단점은 무엇인가요?
- 입사 후 포부를 말해주세요.
- 살아오면서 가장 열정을 다했던 경험에 대해서 이야기해주세요.

- 마지막으로 하고 싶은 말 있으면 간단히 해주세요.
- 남들과 차별화되는 경쟁력이 있다면 무엇이라고 생각하는지 말해주세요.
- 성격 중 바꾸고 싶은 점이 있나요? 이를 위해 하는 노력은 무엇인가요?
- 인생에서 자랑스럽게 여기는 경험이 있다면 무엇인가요?
- 아르바이트 경험 중 가장 성취감이 높았던 경험 하나를 이야기해보세요.
- 본인의 학창시절에 대해서 스스로 평가해보세요.
- 동아리에 가입한 적이 있나요? 어떤 활동을 했나요?
- 학창시절 몰입해서 최고의 성과를 냈던 경험이 있다면 이야기해주세요.
- 시간관리는 잘 하는 편인가요? 자신만의 비법은?
- 친구들은 당신을 어떤 사람이라고 이야기하나요?
- 자기개발을 위해 어떤 노력을 기울이고 있나요?
- 휴일에 주로 무엇을 하며 시간을 보내나요?
- 즐겨 찾는 인터넷 사이트 하나만 소개해주세요. 네이버 말고요.

- 취미가 무엇인가요?
- 기억에 남는 여행지는 어디인가요? 그 이유는요?
- 친구들과 만나서 하는 대화 주제는 주로 무엇인가요?
- 술은 자주 마시나요? 주량은 얼마나 되나요?
- 가장 감명 깊게 읽은 책에 대해 이야기해주세요.
- 신문은 어느 면부터 보나요?
- 최근에 읽은 신문기사 중 관심이 가는 기사 하나 소개해주세요.
- 취미가 영화감상이라고 했는데, 가장 인상깊게 본 영화는 무엇이고, 그 이유를 말해주세요.
- 실패했던 경험을 이야기하고, 그 경험을 통해서 배운 것은 무엇인가요?
- 존경하는 인물은 누구이고, 그렇게 생각하는 이유는 무엇인가요?
- 본인의 가치관과 현실적인 문제가 충돌한다면 어떻게 하나요?
- 인생에서 중요하다고 생각하는 2가지는 무엇인가요?
- 인생에서 변화의 계기가 될 만한 일이 있었는지? 그 영향은?
- 평소 스트레스가 있을 때, 어떻게 푸나요?
- 살면서 모욕적인 일을 당한 적이 있나요? 그 당시 대응은 어떻

게 했나요?

- 자기소개서를 보니 적극적인 성격이라고 표현했는데, 구체적인 근거는 무엇인가요?
- 자기소개서를 보니 편입을 했는데 편입에 도전한 이유는 무엇인가요?
- 이력서 상, 성적이 좋은 편은 아닌데 학업에 충실하지 않은 이유는 무엇인가요?
- 전공과 지원 분야의 연계성에 대해 말해보세요.
- 전공과 지원 분야가 다른데 왜 지원했죠?
- 지원분야에서 일하기 위해 준비한 것은 무엇인가요?
- 우리 회사에 지원하기 위해 어떤 준비를 했는지 말해 보세요.
- 우리 회사에서 당신을 채용해야 하는 이유를 말해보세요.
- 희망하는 부서에 배치되지 않는다면 어떻게 하실 건가요?
- 우리 회사에서 어느 직위까지 승진할 수 있을 거라고 생각하세요?
- 지금 당장 우리 회사의 경영진이 된다면 하고 싶은 일은 무엇인가요?
- 회사 선택 시, 중요하게 생각하는 것은 무엇인가요?
- 우리 회사 지원하면서 우리 회사에 대해서 알게 된 것이 있다면

무엇인가요?

- 다른 회사도 지원했나요? 붙으면 어떻게 할 것인가?
- 만약 우리 회사 채용에 불합격한다면 어떻게 하시겠습니까?
- 합격 후, 지방 근무 발령이 난다면 근무가 가능한가요?
- 당신에게 직업은 어떠한 의미가 있나요?
- 글로벌 시대에 경쟁력을 갖추기 위해 어떤 노력을 했나요?
- 한 분야의 전문가가 되기 위해 걸리는 시간은? 그 이유를 말해보세요.
- 고객의 이익과 기업의 이익 중 어느 것이 중요합니까?
- 업무 중 상사의 비리를 알게 된다면 어떻게 하겠습니까?
- 자신이 노력한 것보다 회사에서 낮은 평가를 받는다면 어떻게 하실 건가요?
- 노사 문제에 대한 평소에 갖고 있는 노사관을 말해보세요.
- 팀 프로젝트 시, 비협조적인 동료가 있다면 어떻게 하시겠습니까?
- 직장 내 커뮤니케이션에서 가장 중요하다고 생각하는 것은 무엇인가요?
- 평소에 생각하는 이상적인 리더는 어떤 사람인가요?

- 전혀 경험이 없는 일을 맡게 된다면 어떻게 하실 건가요?

- 만약의 경우, 회사 사정이 어려워 월급 지급에 문제가 생기면 어떻게 하실 건가요?

- 당신의 가치를 돈으로 환산한다면 얼마나 될까요? 그 이유는?

- 고객은 항상 옳다고 생각하나요?

- 자신감이 부족해 보이는데, 본인에게 리더십이 있다고 생각하나요?

- 아침에 읽은 신문의 기억나는 1면의 내용은 무엇인가요?

- 사막에서 물없이 얼마나 살 수 있나요?

- 지금 당장 1000만원이 생긴다면 무엇을 할 것인가요?

- 무인도에 가져가고 싶은 3가지는 무엇인가요?

- 오늘 저녁 한자리에 몇 명까지 모을 자신이 있나요?

- 해외 불법 모조품 및 가짜 부품을 차단하기 위한 아이디어와 그 이유를 제시해 보세요.

- 한국음식을 세계적으로 알릴 수 있는 방안들에 대해 이야기해 보세요.

- 자신이 도시계획을 한다면 무엇을 중요하게 다룰 것인지 이야기해 보세요.

4. 면접 준비 체크리스트

No.	체크리스트	YES	NO	PLAN
1	입고 갈 복장은 깨끗하게 준비하였나요?			
2	계절에 맞는 복장인가요?			
3	헤어스타일은 깔끔히 정돈하였나요?			
4	손톱 등 청결히 손질하였나요?			
5	신고 갈 구두는 깨끗하게 닦아 두었나요?			
6	넥타이, 액세서리는 준비하였나요?			
7	메이크업은 자연스러운가요?			
8	밝은 표정을 거울 보며 연습하였나요?			
9	목소리 크기는 자신감 있게 들리나요?			
10	자연스러운 인사 태도 확인했나요?			
11	의자에 앉았을 때 자세 확인했나요?			
12	말할 때 손동작은 확인하였나요?			
13	면접관과의 아이 컨택 연습은 하였나요?			

No.	체크리스트	YES	NO	PLAN
14	자연스러운 다리, 발 자세인가요?			
15	모의면접은 진행하였나요?			
16	면접에서의 기본질문은 정리, 연습했나요?			
17	기출문제 정리 후, 연습했나요?			
18	기업에 대한 조사 후, 예상질문 만들었나요?			
19	기업의 주가, 매출액 등은 암기하였나요?			
20	기업의 신년사, 주요뉴스는 확인하였나요?			
21	예상질문에 대한 답변 준비했나요?			
22	답변에 대한 수정 및 재연습했나요?			
23	내 면접모습을 녹화하여 보았나요?			
24	녹화한 모습에 대한 자기평가를 해보았나요?			
25	자기평가 후, 고치려고 노력했나요?			
26	편안한 마음을 갖기 위한 시간을 가졌나요?			
27	신문, 뉴스 등을 통해 시사관련 질문 준비했나요?			
28	마지막으로 하고 싶은 말 준비했나요?			
29	거울을 보며 마지막으로 내 모습을 점검했나요?			
30	면접 후기를 보며 유의사항은 정리했나요?			

5. 면접 전 사전 준비 과제

No.	체크리스트	YES	NO	PLAN
1	기업의 매출액은 확인했나요?			
2	기업의 영업이익은 확인했나요?			
3	기업의 현재 주가는 확인했나요?			
4	기업의 재무상 분석은 완료했나요?			
5	기업의 주 업종은 확인했나요?			
6	기업의 설립일은 확인했나요?			
7	기업의 회장님 이름, 신년사는 확인했나요?			
8	기업의 인재상은 확인했나요?			
9	기업의 종업원 수는 확인했나요?			
10	기업의 비전 및 사명은 확인했나요?			
11	기업의 조직문화에 대한 조사는 했나요?			
12	기업의 주력 제품은 확인했나요?			

No.	체크리스트	YES	NO	PLAN
13	기업에서 생산하는 제품군을 꼼꼼히 모두 확인했나요?			
14	그 제품의 장단점에 대해서 분석했나요?			
15	기업이 속한 산업의 환경 분석을 완료했나요?			
16	기업의 경쟁사는 어디인가요?			
17	경쟁사의 장단점을 분석했나요?			
18	기업의 최대 관심 이슈에 대해서 분석했나요?			
19	내가 받게 될 연봉은 조사했나요?			
20	나의 비전은 준비했나요?			